AF366542

SECOND MEMOIRE,

POUR MONSIEUR LE DUC.

CONTRE *les Seigneurs proprietaires des Terres enclavées dans la Capitainerie Royale d'H[a]latte.*

MONSIEUR LE DUC, comme Capitaine [de] la Capitainerie Royale des Chasses d'Halatte, se sent obligé d'en défendre les droits contre les differens Seigneurs, qui se trouvant enfermés dans ses limites, se sont unis non-seulement pour en contester l'étenduë, mais même pour en attaquer le fond, s'il leur étoit possible. Ils voudroient faire passer pour entreprise & pour usurpation un droit royal aussi ancien que la Couronne, fondé sur les Loix de l'Etat, que les Rois ont justement regardé comme une portion de leur autorité souveraine, & qu'ils ont confirmé par toutes les Ordonnances, tant anciennes que nouvelles. Le plaisir de la Chasse est en même-temps le plus honeste & le plus in-

A

nocent de tous les plaisirs, il délasse l'esprit, il fortifie le corps, il accoûtume à la fatigue ; c'est au milieu de la paix une image des travaux de la guerre. Une pareille occupation convient donc particulierement aux Princes, & c'est pour cela que nos Rois dans tous les temps se sont choisis de certains cantons qu'ils ont jugez les plus commodes & qu'ils ont mis en reserve pour leurs plaisirs, sans que personne y pût chasser ny faire chasser.

Les loix des Lombards contiennent des défenses de chasser dans les forests & sur les terres appartenant au Roy : L'Empereur Frederic, surnommé Barberousse, fit une pareille Ordonnance ; & les Historiens remarquent que les anciens Rois d'Angleterre avoient interdit la chasse à toutes sortes de personnes sous de grandes peines.

On lit dans les Capitulaires de Charlemagne, que ses forests étoient en défenses de son temps, & les Roys qui regnerent après luy furent si curieux de la conservation de leurs plaisirs, que l'on trouve une Ordonnance du Roy Charles le Chauve, qui désigne les forests & les autres lieux où son propre fils ne devoit point chasser sans sa permission.

In quibus ex nostris palatiis filius noster si necessitas non fuerit morari, vel in quibus forestibus venationem exercere non debeat.

Les Rois de la troisiéme race ne se sont pas rendu moins attentifs à maintenir cette partie des droits de la Royauté ; il est vray que la plus ancienne de leurs Ordonnances qui se soit préservée de l'injure des temps sur le fait des Chasses est celle du Roy Jean, de l'année 1355. dont plusieurs de nos Auteurs font mention ; mais cela peut être arrivé, soit parce qu'il n'étoit pas besoin de faire des loix nouvelles à cet égard, les anciennes ayant conservé leur vigueur, soit parce qu'il nous reste à peine quelques fragmens d'Ordonnances de nos Roys avant le commencement du quinziéme siecle.

A peine François I. fut-il monté fur le Thrône, qu'il fit Mars 1515. fur le fait des Chaffes, au mois de Mars 1515. une Ordonnance, qui déffend à toutes perfonnes de quelque état & condition qu'elles foient de chaffer dans fes forefts, buiffons & garennes, & d'y prendre des bêtes rouffes, noires, lievres, lapins, faifans, perdrix, ny aucuns autres gibiers. Ces mêmes défenfes furent non-feuleument renouvellées, mais même augmentées par les Edits du mois de Juin 1601. & du mois de Juillet 1607. & par l'Ordonnance de 1669. 1601. 1607. 1669. il eft vray que l'Edit du mois de Juin 1601. & l'Ordonnance de 1669. au titre des Chaffes, accordent aux Seigneurs la permiffion de chaffer & de faire chaffer fur leurs terres, pourvû que ce foit à une certaine diftance des plaifirs de fa Majefté : *Permettons neanmoins à tous Seigneurs, Gentilshommes & Nobles*, c'eft ainfi que ces Ordonnances s'en expliquent : or qui dit permiffion dit, une efpece de grace; cette expreffion n'a donc point été mife au hazard & par inadvertance, mais c'eft pour faire connoître que la Chaffe étant un droit royal; il dépend de la volonté du Roy d'en reftraindre & d'en borner le pouvoir de tous fes fujets comme bon luy femble par rapport à fes plaifirs.

En effet, Mr le Bret Avocat General au Parlement de Paris, liv. 3. de la Souveraineté du Roy, chap. 4. établit pour maxime, que *c'eft au Roy qu'il appartient d'ordonner de la Chaffe;* il la met au nombre *des droits regaliens*, & il conclud, que *les Princes fouverains ont la puiffance non feulement de la regler, mais encore de la défendre & de la permettre à qui bon leur femble.* Monfieur Salvaing premier Préfident en la Chambre des Comptes de Dauphiné, eft de même avis dans fon Traité de l'ufage des Fiefs, partie 1re chap. 36. & l'Auteur du nouveau traité du droit de Chaffe, page 5. affure qu'*en France le droit de Chaffe eft un droit royal*, que *perſonne n'en peut joüir que par la permiſſion du Roy, & que cet établiſſement eſt très-ancien.* Les Seigneurs des terres enclavées dans la Capitainerie d'Halatte ſont donc dans l'erreur, lorſqu'ils veulent qu'on leur rapporte le Titre de ſon établiſſement & une declaration formelle pour la créer & pour luy donner l'être. Le droit des Capitaineries royales eſt une ſuite naturelle & neceſſaire de celui qu'ont les Rois, de défendre la Chaſſe dans l'étenduë de leurs plaiſirs; car s'agiſſant d'un droit excluſif & prohibitif, il s'enſuit qu'il eſt beſoin d'Officiers & de Gardes pour le conſerver. Le ſiſteme contraire de Monſieur le Duc d'Uſés & des autres Seigneurs ne bleſſe donc pas ſeulement les loix du Royaume anciennes & nouvelles, mais il eſt encore préjudiciable & injurieux aux droits de la ſouveraineté.

Or entre toutes les Capitaineries des Maiſons royales, celle d'Halatte eſt une des plus anciennes & des plus diſtinguées.

En effet, cette Capitainerie étoit autrefois la Capitainerie du Baillage de Senlis & de ſon ancien reſſort; c'eſt le nom qui luy eſt donné dans l'état du 11 Novembre 1628. reçû le 23 Février 1629. en la Cour des Aydes, dans les Lettres de Cachet écrites au ſieur Marquis de Saint Simon, en 1653. & en 1662. & dans pluſieurs autres Titres.

Senlis, appellé en latin *Silva nectum*, c'eſt-à-dire, Ville bâtie au milieu des Foreſts, eſt un des plus anciens Domaines de la Couronne; & ces deux circonſtances ont déterminé les Rois de la ſeconde & de la troiſiéme race à choiſir ce lieu préferablement à tout autre pour y prendre leurs plaiſirs & pour y faire ſouvent leur ſejour.

L'hiſtoire nous apprend que le Château royal de Senlis étoit déja bâti dès l'année 852. du temps de Charles le

5

Chauve ; il y a plufieurs preuves femblables dans les Regnes fuivans, Saint Loüis qui commença de regner en 1226. 1226. fonda dans l'enceinte de ce Château le Prieuré de Saint Maurice, & l'on voit encore aujourd'huy dans l'Eglife de ce Prieuré une porte au-deffus de laquelle font écrits en lettres d'or deux vers qui rendent témoignage à fa pieté & qui font foy du frequent fejour qu'il faifoit au Château Royal de Senlis pour y prendre le divertiffement de la Chaffe.

Comme Senlis eft environné de bois de toutes parts & que fa fituation femble avoir efté faite exprès pour la Chaffe, les Rois fucceffeurs de Saint Loüis n'en ont pas moins aimé le fejour que luy.

Jean Juvenal des Urfins Archevêque de Reims dans fon hiftoire de Charles VI. dit : qu'*en l'année* 1380. *ce Roy alla* 1380. *à Senlis pour chaffer*, & ce fut dans cette Chaffe fameufe que fut pris un Cerf ayant au col un collier de cuivre doré, fur lequel étoient gravez ces mots, *Hoc me Cæfar donavit.* Le Roy fit prendre le bois de ce Cerf & le fit attacher dans la falle du Château Royal de Senlis, pour fervir de monument aux fiecles à venir ; & Jean Juvenal ajoûte, *et) dès lors le Roy porta en devife le Cerf volant couronné d'or au col.*

Dans les autres Capitaineries les Rois n'ont bâti d'ordinaire qu'une feule Maifon Royale ; mais le pays au-tour de Senlis & aux environs de la Foreft d'Halatte, eft fi agreable par le cours de la Riviere d'Oyfe, & fi propre pour la Chaffe par le voifinage & la quantité des forefts, bois & buiffons, qu'ils y ont bâti jufqu'à fix Châteaux differens ; fçavoir, le Château de Senlis, celuy de Saint Chriftophe en Halatte avec fon chenil étant au village de Fleurenne, le Château de Moncel, à la porte du Pont Saint Maixence, autrement dit le Château de Fefcamps, le Château de Creil, celui de Laverfine bâti par François I. & le Château de Verneüil que Henry IV. a fait conftruire.

On fçait que les Ordonnances de nos Rois ont été faites pour l'ordinaire dans les lieux qu'ils habitoient & où ils avoient choifi leur fejour ; de là vient qu'il s'en trouve un grand nombre même des plus anciennes qui font dattées à Senlis, à Saint Chriftophe en Hallatte, à Creil, & au Moncel.

Dans la Table Cronologique des Ordonnances faites par les Rois de la troifiéme race, depuis Hugues Capet, qui regnoit en 987. jufqu'en l'année 1400. on trouve des Lettres du Roy Philippe le Bel, dattées à Chaaily le Samedy après la Touffaints le 3. Novembre 1302. qui eft une dépendance de la Capitainerie d'Halatte : On y lit un Mandement donné à Creil, le 6. Octobre 1311. par le même Roi, pour lever un fubfide, à caufe du mariage de la Princeffe Elizabeth fa fille avec le Roi d'Angleterre. On y voit une Ordonnance faite au Pont-Sainte-Maixence, au mois d'Octobre 1315. par le Roi Loüis X. Le Roi Philippe de Valois fit auffi plufieurs Ordonnances pendant le fejour qu'il faifoit au Château de Senlis, ou dans les autres Maifons Royales circonvoifines, dans le temps qu'il y prenoit le divertiffement de la Chaffe, dont la premiere eft dattée au Pont-Sainte-Maixence, en Septembre 1328. la feconde, du 12. Mars 1329. à Saint Chriftophe en Halatte ; la troifiéme, à Senlis, le 22. May 1334. la quatriéme au Moncel le Pont-Sainte-Maixence, en May 1340. la cinquiéme, à Saint Chriftophe en Halatte, le 19. Mars 1341. la fixiéme, la feptiéme & la huitiéme au même lieu, le 29. Octobre 1344. & la neuviéme, au Moncel le Pont-Sainte-Maixence, le 14. Octobre 1346. Le même recuëil fait foy que le Roi Jean, fit à Saint Chriftophe en Halatte, l'Inftitution des

Chevaliers de l'Ordre de l'Etoille, le 6. Novembre 1351. Nov. 1351.
& que Charles VI. confirma le 16. Février 1380. à Senlis, 1380.
l'Ordonnance du Roy Philippe, appellée la Chartre aux
Normands. Il fit au même endroit, le 24. Octobre 1381. Oct. 1381,
un Mandement adreſſé en la Chambre des Comptes, &
l'on trouve dans Chenu, qu'il donna encore à Senlis au
mois de Fevrier 1380. des Lettres Patentes portant confir- 1380,
mation des Privileges des habitans de la Ville de la Ro-
chelle. Après donc tous ces exemples tirés de l'Hiſtoire
Chronologique des Ordonnances, il eſt impoſſible de refuſer à la Capitainerie d'Halatte le Titre de Capitainerie
de Maiſon Royale.

Mais outre les ſix Maiſons Royales qui ſe trouvent avoir
été bâties dans l'étenduë de la Capitainerie d'Halatte,
Henry II. alloit de temps en temps pour y chaſſer au Château de Chantilly, qui appartenoit alors au Conneſtable de
Montmorancy ; c'eſt dequoi l'on trouve la preuve dans la
Chronologie des Conferences des Ordonnances faites par
Gueſnoy, qui rapporte trois Ordonnances dattées à Chantilly ; la premiere, du 7. May 1553. la deuxiéme, du mois May 1553.
d'Octobre de la même année, & la troiſiéme, du 22. Mars Mars 1656.
1556.

Les Seigneurs des Terres enclavées dans la Capitainerie d'Halatte, fourniſſent eux-mêmes trois differens Titres,
qui confirment que les Foreſts dont la Ville de Senlis eſt
environnée de toutes parts, ont été deſtinées de tout temps
aux plaiſirs de nos Rois.

Le premier, du mois de May 1323. eſt une Ordonnan- 1323.
ce du Roy Charles le Bel, donnée à Saint Chriſtophe en
Halatte, qui défend aux Habitans de Fleurenne & de Saint
Chriſtophe en Halatte, Uſagers de la Foreſt de Saint Chriſtophe, d'y mener leurs beſtiaux dans les Taillis avant qu'ils

ayent atteint l'âge neceſſaire pour ſe défendre & pour ne pouvoir pas être endommagés.

1351.

Le ſecond Titre ſont les Lettres du Roy Jean, de l'an 1351. que le Sieur Lombard produit ſous la cotte F. de la Production commune, par leſquelles le Roy donne *à Robert de Loris Seigneur d'Ermenonville, pour luy & ſes ſucceſſeurs, la Chaſſe à groſſes bêtes rouges, & tout le droit que ledit Seignenr pouvoit avoir eſdites Chaſſes, par toute la Terre, Châtelenie & Seigneurie d'Ermenonville, avec permiſſion de fraper & abbattre les groſſes bêtes, tant en la Garenne que dehors, luy tranſportant à cet effet tous droits de proprieté & prééminence qu'il pourroit avoir en la Chaſſe de ladite Seigneurie, excepté toutefois quand ledit Seigneur Roy, ou ſes Succeſſeurs Rois de France voudroient y chaſſer, ils le pourroient avec leurs Veneurs, le Roy y étant en perſonne & non autremeut.*

Ces Lettres prouvent donc invinciblement que la Seigneurie d'Ermenonville étoit enclavée dans les plaiſirs, tant à cauſe du Château Royal de Senlis, qu'à cauſe de la Foreſt d'Halatte, quoique Robert de Loris fut Seigneur d'Ermenonville, il n'avoit pas droit de chaſſer ſur ſa Terre ſans permiſſion, & cette permiſſion eſt regardée par le Roy Jean, comme une proprieté & une prééminence attachée à ſa Couronne dans tous les lieux où lui & ſes ſucceſſeurs prenoient le divertiſſement de la Chaſſe, & qu'ils s'étoient réſervés en vertu de leur droit Royal, la Capitainerie de Senlis ou d'Halatte envelope donc de toute ancienneté la Seigneurie dE'rmonville, & par conſequent toutes les autres qui ſont dans la même diſtance.

On fera voir dans la ſuite que cette permiſſion accordée par les Lettres du Roy Jean, eſt finie & ne ſubſiſte plus, qu'elle eſt révoquée par l'article 1er. de l'Edit du mois de

Juin 1601.

Juin

Juin 1601. par l'article 2. de celui du mois de Juillet 1607. & par l'article 20. du titre des Chasses de l'Ordonnance du mois d'Aoust 1669. que c'est d'ailleurs une chose jugée par plusieurs Arrêts contradictoires du Conseil d'Etat; mais quoiqu'il en soit, les Lettres Patentes de l'année 1351. font foy : Premierement, que dés ce temps-là il y avoit une Capitainerie établie dans le Bailliage de Senlis pour les plaisirs du Roy. Secondement, que la Terre d'Ermenonville s'y trouvoit comprise, & en faisoit partie.

Le troisiéme & dernier titre est une Declaration donnée au Domaine le 21. Decembre 1672. par quelques Particuliers Habitans de Fleurenne, qui se reconnoissent détempteurs d'une Maison, & de trois arpens trois quartiers d'heritages vulgairement appellez *Le Chenil du Roy*, chargez de 20. s. tournois de Cens par chacune année. Or cette declaration justifie, qu'outre le Château de Senlis & celui de Saint Christophe en Halatte, il y avoit encore un Chenil à Fleurenne; rien ne marque donc mieux combien nos Rois se sont adonnez à prendre le divertissement de la Chasse aux environs de Senlis, qu'ils s'étoient reservez pour leurs plaisirs; cette Capitainerie a donc toutes les marques essentielles des Capitaineries des Maisons Royales, tant par son ancienneté, que par sa grande distinction.

Cette multitude de preuves tirées, soit de l'Histoire, soit des anciennes Ordonnances, soit des propres Titres de Monsieur le Duc d'Uzés, & des autres Seigneurs, est plus que suffisante pour assurer à la Capitainerie Royale de Senlis & d'Halatte, son état & ses privileges; mais cela se trouve encore puissamment confirmé par plusieurs Edits & Declarations, par une longue suite de Provisions accordées aux Officiers, par les Etats de leurs gages envoyez & reçûs en la Cour des Aydes, & par une grande quantité d'Arrêts rendus pour en maintenir les droits.

Les principes que Monsieur le Duc d'Uzés, & les autres Seigneurs s'efforcent d'établir dans leurs Memoires, ne laissent aucun lieu de douter que la Capitainerie Royale de Senlis & d'Halatte n'ait conservé son ancien état & ses privileges, tant que les Rois y ont fait leur sejour, & cela conduit jusqu'au regne d'Henry IV. puisqu'il a fait bâtir le Château de Verneüil. Mais bien loin que le Roy Loüis XIII. de glorieuse memoire son fils, & le Roy Loüis XIV. son petit-fils présentement regnant, ayent abandonné ni même négligé cette Capitainerie, ils l'ont affectionnée plus que leurs prédecesseurs; ce qui paroît par le soin particulier qu'ils en ont pris, & par l'augmentation d'Officiers qu'ils

B

y ont faite , comme on le connoîtra par les titres qui vont être
rapportez.

TITRES PARTICULIERS DE LA CAPITAINERIE
Royale d'Halatte, depuis le Regne de François I. jusqu'à présent , par ordre chronologique , qui sont produits en originaux , ou en expeditions authentiques dans l'Inventaire de Monsieur le Duc.

18. Septemb. 1520. Cotte nouvelle.

Le 18. Septembre 1520. Messire Anne de Montmorency , Premier Gentilhomme de la Chambre du Roy, fut pourvû par le Roy François I. de la Charge de Capitaine des Chasses d'Halatte & de Carnelle , pour lors vacante par la mort de Pierre de la Fontaine Escuyer, Seigneur d'Ognon : Ces Provisions originales en parchemin sont conçûës *en termes qui marquent le grand attachement que ce Roy avoit pour cette Capitainerie ; & la plus grande preuve qu'il en a donné, c'est le Château de Laversine qu'il fist bâtir ,* comme il est dit ci-devant , & elles font voir de plus, *qu'il y a eû d'autres Capitaines à cette Capitainerie avant Monsieur de Montmorency, & qu'ils avoient six Officiers & Gardes sous eux pour y veiller à la conservation des plaisirs de nos Roys, qui en recevoient des gages sur les Etats de leur Maison,* comme en reçoivent ceux d'aujourd'hui : lesdites Provisions sont imprimées tout au long & rapportées à la seconde partie de ce Memoire, avec tous les autres Titres qui suivent celui ci jusqu'à présent, pour servir de preuve & de pieces justificatives dudit Memoire.

4. Juin 1571. Cotte nouvelle.

Le 4. Juin 1571. Messire Henry de Montmorency Seigneur de Dampville, Maréchal de France, Gouverneur de Languedoc, fut pourvû par Charles IX. de la même Charge & de celle de la Forêt de l'Aigle, *avec ordre de choisir telles personnes qu'il jugeroit à propos & capables pour sous luy & en son absence conserver les plaisirs de Sa Majesté :* Ces Provisions originales sont produites & imprimées comme les précedentes.

1572. Cotte 4. de l'Inventaire de M. le Duc.

Au mois d'Aoust 1572. Charles IX. fit un Edit que Saint Yon rapporte dans son recüeil des Edits & Ordonnances de nos Rois , sur les Eaux & Forêts, Livre 1. tit. 9. pag. 133. par lequel *ce Roy créa, érigea, & établit un Office de Sergent Chevaucheur dans les Forêts de Cuise, Halatte & Pommeraye, outre celui qui y étoit déja créé, & aux mêmes honneurs, autoritez, prérogatives & prééminences, gages, revenus & émolumens, pour y être par Sa Majesté dés-à-présent, & quand vacation arrivera, pourvû de personne suffisante & capable pour l'exercer.*

Juin 1573. Cotte 4.

Le premier Juin 1573. le sieur Martin Duclos , dés lors

Capitaine des Chasses de la Forêt d'Halatte, *donna à Pierre de Manneville des provisions d'un Office de Garde & Morte-paye de la même Capitainerie*, dont il en avoit été créé deux par Sa Majesté pour la Capitainerie d'Halatte, aux gages de 60 liv. par chacun an, suivant qu'ils étoient employez au rôle de l'Epargne, afin que les Foréts, Plaines & Buissons fussent mieux conservez.

Le 27 Octobre 1574. le Roy Henri III. qui commença de regner dans cette année, accorda à son avenement à la Couronne, un Brevet au Sieur Martin Duclos, Capitaine des Chasses de la Forêt d'Halatte ; par lequel *il confirme le don du droit qui lui avoit été fait par le Roy Charles IX. son prédecesseur, de pourvoir aux Charges qui viendroient à vacquer dans cette Capitainerie.* 1574. Même Cotte.

Le premier May 1575. le même Roy voulant rendre son Brevet du 27 Octobre 1574. plus authentique, il l'autorisa par des Lettres Patentes en faveur du Sieur Martin Duclos, qualifié Capitaine des Chasses d'Halatte, haute & basse Pommeraye. 1575. Même Cotte.

Le 27 Juin de la même année 1575. Henri III. fit une déclaration qui se trouve visée & produite dans un Arrêt du Conseil privé du Roy, du 11 Octobre 1626. par laquelle Sa Majesté *ordonne que Jean Duclos, Capitaine des Forêts d'Ha-latte, haute & basse Pommeraye & de la Carnelle, les Beau-mont sur Oyse, & ses Lieutenans connoîtront & jugeront en la forme y prescrite jusqu'à Sentence disinitive inclusivement, tout ce qui dépend du fait des Chasses, avec interdiction aux Cours de Parlement, Grands Maîtres des Eaux & Forêts, Pre-vôts des Maréchaux, & autres Juges d'en connoître.* 27. Juin 1575. Oct. 1626. Cotte 14.

En 1605. le Roy Henri IV. fit dresser un état des Capi-taines & Gardes de ses Forêts, Bois, Buissons, Garennes, Plaines & Varennes, dans lequel il y a un chapitre parti- 1605. Cotte 7.

culier qui concerne les Capitaines, Officiers & Gardes de la Forêt d'Halatte & Pommeraye, suivant le Certificat de Marandé commis au Greffe de la Cour des Aydes, en datte du 16 Fevrier 1625.

1625.

1606.
Même Cotte.

Le 15 Juillet 1606. cet état fut envoyé en la Cour des Aydes, & reçû par Arrêt ; qui ordonne *que ledit état sera enregistré au Greffe, pour joüir par les Officiers y dénommez, de l'exemption des Tailles, prérogatives, libertez et franchises, ainsi que les Officiers domestiques & Commençeaux de la Maison du Roy.*

1607.
Imprimé pag. 255. du nouveau traité du droit de Chasse.

Au mois de Juillet 1607. Henri IV. qui avoit fait bâtir le Château de Verneüil, fit un Edit sur le fait des Chasses, dans lequel *il fait trés-expresses défenses à tous Seigneurs Gentilshommes, Haut-Justiciers & autres, de quelque condition & qualité qu'ils soient, de chasser ni faire chasser au bêtes fauves & noires, Perdrix, Liévres, Faisans, & autres Gibiers défendus par les Ordonnances, dans ses Bois & Forêts avec Chiens courans, ou couchans, ni d'y tirer ou faire tirer, ni à une lieuë à la ronde desdites Forêts, Parcs, Bois, Buissons & Garennes ; & specialement en celles de Saint-Germain en Laye, &c. de Senlis, de Pontarmé, d'Halatte, de Compiégne, &c. avec tout ce qui dépend desdites Forêts, Bois, Buissons & Garennes.*

1608.
Produit par les Seigneurs Particuliers.

Le 13 Decembre 1608. Henri IV. accorda *en faveur du Sieur du Maz de Mazerat, des provisions de l'état & Office de Capitaine de la Forêt d'Halatte & Pommeraye, Plaines et Buissons circonvoisins, vacant par la résignation du sieur de Gesvre, sur la nomination & présentation de la Reine Marguerite Comtesse de Senlis.*

Dec. 1608.
Cotte 9. de l'Inventaire de M. le Duc.

Le 20 du même mois de Decembre 1608. le sieur Dumaz de Mazerat ayant présenté ses provisions à la Table de Marbre, il y fut reçû par Sentence, *en la charge de Capitaine des*

Chasses d'Halatte , haute & basse Pommeraye , Plaines & Buis-
sons circonvoisins , & des Gardes y établis pour la conservation
des plaisirs du Roy.

Le 12 Janvier 1609. les mêmes provisions furent enregi-
strées en la Maîtrise particuliere de Senlis.

Le 12 Septembre 1610. le Roy Louis XIII. étant monté
sur le Trône , il donna au sieur de Mazerat , Capitaine des
Forêts d'Halatte, haute & basse Pommeraye, en consideration
tion du soin qu'il prenoit de la conservation des bêtes fauves pour le plaisir de Sa Majesté , un Brevet portant permission, *qu'aux endroits des sorties desdites Forêts , où il y a*
des bruieres és lieux propres pour mettre des Lapins , il y puisse
mettre des hayes , & les peupler pour servir aux plaisirs de Sa
Majesté , dont le sieur de Mazerat pourra toutes fois tirer le
profit.

Le 21 du même mois de Septembre 1610. le sieur de Mazerat , Capitaine des Forêts d'Halatte, haute & basse Pommeraye, présenta au Roy la personne de Jean Mousseau ,
pour exercer l'Office de Garde & Morte-paye dans cette
Capitainerie , vacant par la résignation de Claude Mallot.

Le 26 du même mois de Septembre 1610. le Roy Louis
XIII. accorda à Jean Mousseau des provisions *de l'Office de*
Garde-Chasse de la Forêt d'Halatte , haute & basse Pommeraye,
Bois & Buissons circonvoisins , sur la nomination du sieur de
Mazerat.

Le 26 Juillet 1611. le Roy Louis XIII. qui n'affectionnoit
pas moins que ses prédécesseurs, la conservation de ses plaisirs *dans la Capitainerie Royale de Senlis & d'Halatte*, fit une
déclaration pour confirmer les privileges qui lui avoient été
attribuez : elle porte que *les Rois François I. Henri II. &*
Charles IX. pour proceder à la conservation des bêtes rousses,
noires & autres, dans les Lieux & Forêts où ils prenoient le

plaisir de la Chasse, auroient par leurs Déclarations du 27 Avril 1547. 7 Juillet 1567. & 3 Avril 1572. vérifiées au Parlement de Paris, attribué aux Capitaines des Chasses desdites Foréts la connoissance de tous lesdits faits, & autres qui pouvoient toucher le fait des Chasses, que cela avoit été confirmé en faveur du sieur de Mazerat, Capitaine des Chasses & des Foréts d'Halatte, haute & basse Pommeraye, par autres Lettres du 12 Septembre 1597. pourquoy Sa Majesté lui attribuë toute Cour, Jurisdiction, & connoissance de tous les délits qui seront faits ausdites Chasses, pour les juger & décider jusqu'à Sentences définitives inclusivement, qui seront executées nonobstant oppositions ou appellations, jusqu'à 40 liv. parisis d'amende, & bannissement desdites Foréts ; & que toutes les appellations qui pourroient être interjettées, ressortissent nuëment au Parlement de Paris, & non ailleurs ; avec défenses & interdiction de juger desdits cas, & de tout ce qui dépend desdites Chasses en premiere instance, ni autrement, aux Maîtres particuliers desdites Foréts, à la Table de Marbre, Prevôts des Maréchaux de France, & à tous autres Juges quelques reliefs d'appel, ou autres qui puissent être expediez au contraire.

Le 20 Decembre de la même année 1611. le sieur de Mazerat donna sa Requeste au Parlement de Paris pour l'Enregistrement de cette Déclaration ; il obtînt des Lettres de surannation le 20 Octobre 1628. qui furent suivies des Conclusions du Procureur General ; & à la marge de la Déclaration du 28 Janvier 1611. est écrit, *visa & registrata.*

Il paroît par la Déclaration du Roy Henri III. du 27 Juin 1575. ci dessus rapportée sous la Cotte 6. que Jean Duclos étoit Capitaine des Foréts d'Halatte, haute & basse Pommeraye & de la Carnelle, les Beaumont sur Oyse ; mais le sieur de Mazerat qui lui avoit succedé aprés le sieur de Gesvres, ayant obmis de faire comprendre nommément dans ſes proviſions du 20 Décembre 1608. la Forêt de Carnelle, & le Bois des Ageux ; il eût recours pour rétablir cette obmiſſion à Sa Majeſté, qui lui accorda le 28 Fevrier 1621. *de nouvelles proviſions de l'Office de Capitaine des Chaſſes, des Forêts de Carnelle, Plaines, Rivieres & Buiſſons circonvoiſins, & des Bois des Ageux.*

    Il eſt vray que ces dernieres proviſions ne ſont pas rapportées par Monſieur le Duc ; mais il rapporte le Jugement de la Table de Marbre du 30 May 1622. rendu ſur la Requeſte du ſieur de Mazerat, qui ſe qualifie Capitaine des Chaſſes & plaiſirs de Sa Majeſté, des Forêts d'Halatte, haute & baſſe Pommeraye, Baillage de Senlis ; & par ce Jugement, il eſt ordonné que les Lettres de proviſions ſeront regiſtrées, *pour joüir par le ſieur de Mazerat, de la Charge de Capitaine des Gardes des Chaſſes des Forêts de Carnelle, Plaines, Rivieres & Buiſſons circonvoiſins deſdites Forêts, & des Bois des Ageux.*

    Le 2 Octobre 1626. il fut rendu un Arrêt contradictoire du Conſeil entre le ſieur de Mazerat, qualifié *Capitaine des Chaſſes des Forêts d'Halatte, Carnelle, & autres Bois, Buiſſons, Plaines & Rivieres des Baillages de Senlis & de Beaumont ſur Oyſe,* & entre le Lieutenant General de Bauvais, & autres Parties. Il s'agiſſoit d'un Cerf tué dans les Aunois de Conicante prés Moüy en Beauvoiſis, par les nommez la Richardiere, Gerin & le Cuir, qui avoient été condamnez par le ſieur de Mazerat en 250 liv. d'amende envers le Roy, avec défenſes de récidiver : le Lieutenant Particulier de Beauvais avoit voulu connoître de ce délit, & en inſtruire le Procés. Gerin l'un des complices, avoit appellé de la Sentence renduë en la Capitainerie Royale d'Halatte ; & le ſieur de Mazerat qui avoit été pris à partie au Parlement de Paris, rapportoit la Déclaration du Roy du 27 Juin 1575. pour

28 Fevrier 1621.

Cotte 13.

May 1622.

Cotte 14.
1626.

établir sa competence & sa jurisdiction; sur sa Requeste, Sa Majesté rendit un premier Arrêt, portant que les Parties procederoient au Conseil; le Lieutenant General de Beauvais y fut assigné, & par l'Arrêt diffinitif donné contradictoirement le 2 Octobre 1626. les Parties furent mises hors de Cour. Mais par le même Arrêt, *il fut fait défenses au Lieutenant General de Beauvais, & à tous autres Juges, de troubler le sieur de Mazerat en la Jurisdiction à lui attribuée par lesdites Ordonnances, Arrêts & Reglemens du Conseil.*

Cotte 15.   Il est bon de remarquer en cet endroit, que depuis l'année 1606. jusqu'en l'année 1628. il ne fut point envoyé d'état des Officiers des Chasses des Maisons Royales à la Cour des Aydes, suivant le Certificat de Marandé Greffier, du

Fev. 1625.   15 Février 1625.

Même Cotte.
Nov. 1628.   Mais le 11 Novembre 1628. le Roy fit dresser *un état des Officiers des Chasses, des Forêts d'Halatte, haute & basse Pommeraye, Pontarmé & Chantilly, Buissons, Plaines & Varennes qui en dépendent dans l'étenduë du Baillage & ancien Ressort de Senlis*, en la même forme que celui de l'année 1605. & il fut reçû en la Cour des Aydes par Arrêt du 23 Février 1629.

Cotte 16.
1630.   Le sieur de Mazerat étant mort, le Roy Louis XIII. accorda le 20 Septembre de l'année 1630. au sieur Marquis de Saint Simon *des provisions de l'Etat & Charge de Capitaine des Chasses des Forêts d'Halatte, Pontarmé, haute & basse Pommeraye, les Ageux, Queuë Dory, Ermenonville, Chailly, la Victoire, Garenne de Cornon, Forêts, Bois, Buissons, Plaines & Varennes dépendantes desdits Lieux, vacant par le decés du feu sieur de Mazerat.*

Cotte 17.
Avril 1634.   Le 17 Avril 1634. le Roy ayant envoyé en la Cour des Aydes l'état des Capitaines-Lieutenans, Officiers & Gardes

de

de Chasses des Forêts d'Halatte, haute & basse Pommeraye, Buissons, Plaines & Varennes qui en dépendent, ressortissans de l'ancien Baillage de Senlis, il y fut reçû & enregistré.

En 1656. le Roy presentement regnant, écrivit au sieur Marquis de Saint-Simon une Lettre au sujet de la licence que l'on se donnoit de chasser dans les plaisirs de Sa Majesté au préjudice de ses Ordonnances : la suscription de la Lettre est *à Monsieur de Saint-Simon, Gouverneur de la Ville de Senlis, & Capitaine des Chasses & Bois qui sont dans l'étenduë de son Gouvernement*, & elle est conçûë dans ces termes. *Je désire qu'en vôtre particulier vous fassiez de nouveau publier lesdites défenses de chasser dans les Forêts de Senlis & d'Halatte, Plaines, Varennes & Buissons qui sont en l'étenduë de vôtre Gouvernement, que conformément à ce qu'elles contiennent, vous fassiez proceder contre ceux qui se trouveront y contrevenir, selon la rigueur de mes Ordonnances ; & que pour obliger les Gardes de mes plaisirs de s'occuper assidûment à leur devoir, vous m'envoyez un état du nombre de ceux qui me doivent servir sous vôtre autorité pour l'envoyer en ma Cour des Aydes, afin qu'ils joüissent de leurs privileges.*

En execution de cet ordre, *l'état des Capitaine-Lieutenans & Officiers des Chasses des Forêts d'Halatte, haute & basse Pommeraye, Buissons, Plaines & Varennes qui en dépendent, & ressortissent de l'ancien Baillage de Senlis, fut envoyé à la Cour des Aydes, & y fut reçû le dernier Octobre 1656.*

Le 9. May de la même année 1656. le Roy fit une Déclaration, *qui ordonne que les Capitaines & Officiers des Chasses de la Varenne du Louvre, Parcs & Bois de Boulogne, des Maisons de Saint Germain en Laye, Versailles, Fontainebleau, & même Chantilly, tant en matiere civile que criminelle pour le fait de Chasse, procederont au Jugement de tous les Procés jus-*

Cotte 18.
1656.

Cotte 16.

1656.
Cotte 20.
May 1656.

C

qu'à Sentence diffinitive inclufivement ; fauf l'appel que Sa Majefté évoque & referve à foy & à fon Confeil privé, pour être jugé & terminé en dernier reffort. Cette Déclaration eft rapportée dans celle du 23 Mars 1675. dans l'Arrêt du 14 Fevrier 1707. rendu contre le Seigneur de la Terre d'Ermenonville, & elle eft imprimée dans le nouveau Traité du droit de Chaffe, page 323. & fuivantes ; & fi dans cette Déclaration cette Capitainerie fe trouve défignée fous le nom de Chantilly, c'eft que dans les anciens titres elle étoit tantôt appellée de ce nom, tantôt de celui d'Halatte, & tantôt de celui de Senlis.

Cotte 21.
1659.

En 1659. le Roy accorda au fieur de Pruines, *des provifions de la Charge de Lieutenant de la Capitainerie des Chaffes de l'étenduë de l'ancien & nouveau reffort du Baillage de Senlis, pour prendre foin de la confervation des plaifirs de Sa Majefté, & pour s'oppofer à ceux qui chaffent contre fes défenfes, fous l'autorité du Capitaine.*

Cotte 22.
1662.

Le 28 Octobre 1662. le Roy donna de nouveaux ordres au fieur Marquis de Saint-Simon, par une feconde Lettre de Cachet, femblable à celle de l'année 1656. Elle porte *la liberté que chacun prend de chaffer dans les Lieux, où la garde de mes plaifirs fe trouve négligée, & que j'apprend être paffée en coûtume en divers endroits de l'Ifle de France, & même dans vôtre Capitainerie, m'a fait réfoudre à vous écrire cette Lettre, pour vous exhorter de nouveau à tenir la main que nul ne chaffe dans les Plaines, Forêts, Bois & Buiffons qui font dans l'étenduë de vôtre Charge.*

1669.

Au mois d'Aouft 1669. Sa Majefté fit l'Ordonnance des Eaux & Forêts, qui contient un titre pour le fait des Chaffes, & qui défend dans l'article 20. de ce titre à toutes perfonnes de quelque qualité & condition qu'elles foient, de chaffer à l'Arquebuze, ou avec chiens dans l'étenduë des Capitaineries des Maifons Royales.

Il eſt vray que la Capitainerie d'Halatte n'eſt point déſignée nommément au nombre de celles dont cet article fait mention ; mais il ſuffit qu'elle eût été compriſe comme Capitainerie de *Maiſon Royale*, dans l'Edit du mois de Juillet 1607. ſous le nom de Capitainerie *de Senlis*, *de Pontarmé*, *d'Halatte*, pour être cenſée repetée dans l'Ordonnance de 1669. qui veut en l'article premier du titre des Chaſſes, que les Ordonnances des Rois prédéceſſeurs ſur le fait des Chaſſes, & ſpecialement celles des mois de Juin 1601 *&* *Juillet* 1607. ſoient obſervées en toutes leurs diſpoſitions.

Le 21 Avril 1674. le ſieur Marquis de Saint-Simon fit la démiſſion de ſa Charge de Capitaine entre les mains du Roy.

Cotte 14. 1674.

Le dernier Novembre de la même année 1674. le Roy octroya à Monſieur le Prince Louis, *l'état & charge de Capitaine des Chaſſes des Foréts d'Halatte, haute & baſſe Pommeraye, Queuë Dory, Ermenonville, Chailly, la Victoire, Garenne de Cornon, Foréts, Bois, Buiſſons, Plaines & Varennes dépendans deſdites Lieux, vacant par la démiſſion du Sieur Marquis de Saint-Simon.*

Même Cotte. Nov. 1674.

Il eſt important d'obſerver en cet endroit, que les proviſions accordées à Monſieur le Prince, ſont ſemblables à celles que le Roy avoit données au ſieur Marquis de Saint-Simon le 20 Septembre 1630. & qu'elles ſont conçûës dans les mêmes termes, parce que cette conformité fait ceſſer la principale Objection de Monſieur le Duc d'Uzés, & des autres Seigneurs qui prétendent que Meſſieurs les Princes de Condé, par un effet de leur crédit, ont fait augmenter dans leurs proviſions l'énonciation de certains Lieux qui n'étoient point compris dans les proviſions précédentes, pour pouvoir étendre à la faveur de cette addition, les bornes de la Capitainerie d'Halatte.

Cotte nou-
velle 1674. Le même jour dernier Novembre 1674. l'état des Officiers de la Capitainerie d'Halatte fut envoyé en la Cour des
Aydes, & Monſieur le Prince Louis s'y trouve compris en
qualité de Capitaine.

Cotte 24.   En envoyant cet état, le Roy y fit attacher une Déclaration donnée par Sa Majeſté, le même jour dernier Novem-
1674.   bre 1674. qu'il eſt à propos de tranſcrire ici telle qu'elle eſt
à cauſe de ſon importance. Elle porte *l'état des Officiers de
la Capitainerie des Chaſſes des Forêts d'Halatte, haute et baſſe
Pommeraye, Buiſſons, Plaines et Varennes qui en dépendent,
et reſſortiſſent de l'ancien Baillage de Senlis, n'ayant pas été
compris dans le nombre des états des Officiers des Maiſons Royales que nous avons envoyez en nôtre Cour des Aydes, attachez à
nôtre Déclaration du 30 du mois de May 1664. & voulant que
les Officiers qui ſont compris dans l'état de la Capitainerie ci-
attaché ſous le Contre-ſcel de nôtre Chancellerie, joüiſſent des
mêmes avantages que nos Officiers des Capitaineries des Chaſſes
des autres Maiſons Royales : A ces Cauſes, nous vous mandons
et enjoignons par ces Preſentes ſignées de nôtre main, que conformément audit état, vous ayez à maintenir ceux qui ſeront
pourvûs des Charges que nous y avons employez dans la joüiſ-
ſance des privileges, franchiſes, prééminences, immunitez appartenans à nos Officiers Commençeaux, ſans permettre qu'ils y
ſoient troublez, nonobſtant les termes portez par nôtre Déclaration du mois de May 1664. et toutes autres choſes à ce contraires, auſquelles nous avons dérogé & dérogeons pour ce regard
ſeulement.*

MêmeCot-
te.   Cette Déclaration étoit conforme à l'article 30. du titre
des Chaſſes de l'Ordonnance des Eaux & Forêts du mois
d'Aouſt 1669. auſſi fût-elle enregiſtrée, & l'état des Officiers
de la Capitainerie d'Halatte, reçû par Arrêt de la Cour des
Aydes du 16 Février 1675.

Au mois de Decembre 1674. le Roy donna une seconde Cotte 25. 1674. Déclaration, portant que Sa Majesté *voulant que sa Capitainerie d'Halatte soit conservée tout ainsi que celle de Compiégne dont elle est voisine , & ses autres Maisons Royales , afin d'y pouvoir prendre son divertissement de la Chasse : Elle a fait trésexpresses inhibitions & défenses à toutes personnes de quelque qualité & condition qu'elles soient , tant Gentilshommes que Païsans , sans exception même de ceux qui ont des Bois enclavez dans ladite Capitainerie , d'y chasser , faire chasser , ni porter de fusils en aucune sorte & maniere que ce soit , ni aussi de faire aucun enclos dans l'étenduë de ladite Capitainerie , sous peine de desobéïssance.* Cette Déclaration qui ne fait que renouveller les dispositions de l'Ordonnance des Eaux & Forêts du mois d'Aoust 1669. est transcrite dans le registre de feu Monsieur le Prince Henri-Jules , avec l'Ordonnance qu'il fit en consequence.

Le 23 Mars 1675 le Roy fit une troisiéme Déclaration Cotte 26. Mars 1675. concernant la Capitainerie d'Halatte , & qui se divise en deux Parties.

Dans la premiere , Sa Majesté déclare *qu'elle a pourvû Monsieur le Prince Louis de la charge de Capitaine des Chasses de la Forêt d'Halatte, haute & basse Pommeraye , les Ageux, Queuë d'Ory , Ermenonville , Chailly , la Victoire , Garenne de Cornon , Forêts , Bois , Buissons , Plaines , Varennes dépendantes desdits Lieux.*

Dans la seconde partie, le Roy ordonne *que les Capitaine & Officiers des Chasses de sa Capitainerie d'Halatte , procederont tant en matiere civile que criminelle au Jugement de tous les Procés concernans la Chasse jusqu'à Sentence diffinitive inclusivement , sauf l'appel que Sa Majesté évoque & reserve à Elle & à son Conseil privé , pour être jugés & terminés en dernier ressort.*

Même Cot-
te.
Fev. 1676.

Cette Déclaration a été enregiftrée au Regiftre du Confeil, Sa Majefté y étant, le 12 Février 1676. elle a été fignifiée aux Officiers de la Table de Marbre le 23 Octobre 1691.
& elle y a été enregiftrée par Sentence du 3 Décembre
1696.

Cot'e 24.
1675.

En la même année 1675. l'état des Officiers de la Capitainerie d'Halatte fut augmenté par le Roy, du nombre de
deux Gardes à cheval, de trois Gardes à pied, de deux Re-
nardiers, & de deux Rachaffeurs ; & pour rendre cette augmentation plus ferme & plus permanente, Sa Majefté l'au-

Cotte nou-
velle.

torifa par une Déclaration du 16 May 1676. fondée fur ce
que le nombre des Officiers & des Gardes employez dans
les états précedens, ne fuffifoit pas pour la confervation des
Chaffes ; & en confequence, *Sa Majefté mande & enjoint
à fa Cour des Aydes, de faire joüir ceux qui feront pourvûs
des Charges employez & augmentez dans l'état des gages, privileges, franchifes & immunitez appartenantes aux autres Officiers commanceaux, fuivant les Déclarations des 30 May 1664.
& dernier Novembre 1674. nonobftant toutes chofes contraires
aufquelles Sa Majefté a dérogé & déroge.*

1676.

Cette Déclaration fut enregiftrée avec l'état par Arreft
du 27 Juin 1676. Voilà donc les privileges de la Capitainerie d'Halatte puiffamment établis & confirmez ; & l'on
peut dire fans craindre de bleffer la verité, que les autres
Capitaineries des Maifons Royales n'ont & ne peuvent a-
voir en leur faveur un plus grand nombre de titres ni mieux
fuivis.

Cotte 27.
1687.

Monfieur le Prince Louis étant mort, le Roy accorda le
7 Janvier 1687. à Monfieur le Prince Henri Jules fon fils,
des provifions *de l'état & charge de Capitaine des Chaffes des
Foréts d'Halatte, haute Pommeraye, les Ageux, Queuë Dory,
Ermenonville, Chailly, la Victoire Garenne de Cornon, Foréts,*

*Bois, Buiſſons, Plaines & Varennes dépendans deſdits Lieux,
dans l'étenduë de l'ancien & nouveau Reſſort du Baillage de
Senlis.*

Le 12 Octobre 1699. le Roy fit une derniere Déclaration Cotte 28.
1 6 9 9.
pour reſerver un certain nombre de Capitaineries, & pour
ſupprimer les autres.

Comme cette Déclaration contient pluſieurs diſpoſitions
qui ſont importantes & déciſives, on ſe croit obligé de les
rappeller ici.

1°. *Sa Majeſté déclare que par l'Ordonnance de 1669. Elle
auroit ordonné que tous ceux qui prétendoient avoir droit de
Capitainerie ou titre de Capitainerie, repreſenteroient leurs titres dans trois mois, à peine d'en être déchûs.*

2°. *Que par Arrêt du Conſeil du 13 Janvier 1698. donné
en execution de l'Edit du mois d'Aouſt 1669. il auroit été ordonné que tous ceux ſe prétendoient Capitaines des Chaſſes, repreſenteroient leurs proviſions & titres pardevant les Intendans,
pour ſur leurs Procés verbaux, & ſur leurs avis, y être pourvû par Sa Majeſté ainſi qu'il appartiendroit, ce qui a été executé, & leurs Procés verbaux & avis vûs & diſcutez au Conſeil.*

3°. *Que le Roy a réſolu d'expliquer ſur cela ſes intentions
par une ſeule & même Déclaration, qui étant connuë de tous ſes
Sujets, puiſſe ſervir de loy generale à l'avenir, & prévenir toutes les conteſtations qui pourroient naître ſur cette matiere.*

4°. *Sa Majeſté veut que les Déclarations, Ordonnances &
Réglemens concernant les Capitaineries des Chaſſes de la Varenne
du Louvre, Bois de Boulogne, Vincennes, Saint-Germain, Livry, Fontainebleau, Monceaux, Compiégne, Chambort, Blois,
Halatte, Corbeil & Limours, ſoient executez ſelon leur forme
& teneur, en ce qui concerne chacune deſdites Capitaineries; que
le Roy confirme en tant que beſoin eſt, les Officiers d'icelles dans*

*les pouvoirs , privileges & jurifdictions qui leur ont été attri-
buez , fans prétendre pour ce rien innover en leur étenduë ni
jurifdiction.*

*5°. Le Roy éteint & fupprime toutes les autresCapitaineries qui
ne font pas du nombre de celles refervées ci-deffus.*

L'état des Officiers & Gardes de la Capitainerie d'Halatte pour l'année 1699. avoit été arrêté au Confeil, envoyé & reçû en la Cour des Aydes', par Arrêt du premier
Aouft de la même année ; mais la Déclaration du 12 Octobre fuivant étant furvenuë , il fut fait le dernier Janvier 1700.
un état general du payement des gages des Officiers ,& des
Gardes des Capitaineries des Maifons Royales , montant à
83788 liv. 12 f. avec une Ordonnance au Garde du Trefor
Royal pour les acquitter. *Les Capitaineries du Bois de Boulogne ,Varenne du Louvre , Château de Monceau , Saint-Germain en Laye, Compiégne , Fontainebleau ,Blois, Chambort &
Halatte font comprifes dans cet état :* la Capitainerie d'Halatte s'y trouve employée pour 4140 liv. mais les Capitaineries de Corbeil & de Limours n'y font point ; l'Ordonance
étant enfuite , *enjoint au Garde du Trefor Royal de payer
comptant au Treforier de la Vennerie la fomme de 83788 livres
12 f. mentionnée dans l'état , pour employer au payement des
gages des Officiers des Capitaineries des Chaffes des Maifons
Royales.* Cette circonftance fait donc connoître que la Déclaration du 12 Octobre 1699. a mis une difference effen-
tielle entre les Capitaineries des Maifons Royales, dont celle d'Halatte eft du nombre & entre les Capitaineries de Corbeil & de Limours, comme on le fera voir plus particulierement dans la fuite.

Il a été fait de femblables états depuis , d'année en année,
que l'on n'a pas jugé neceffaire de rapporter , & l'on s'eft
contenté de joindre celuy de l'année 1700. & celuy de 1713.

Monfieur

Monſieur le Prince Henri Jules mourut en 1709. & le 9. May de la même année , le Roy accorda à Monſieur le Duc Louis de Bourbon des proviſions *de l'état & charge de Capitaine des Chaſſes és Forêts d'Halatte , haute Pommeraye , les Ageux , Queuë Dory , Ermenonville , Chailly , la Victoire , Garenne de Cornon , Forêts , Bois , Buiſſons , Plaines & Varennes dépendans deſdits Lieux.*

Cotte 30. 1709.

Le 4 Mars mil ſept cent dix, Monſieur le Duc Louis-Henri de Bourbon fut pourvû aprés la mort de Monſieur le Duc Louis de Bourbon ſon pere, & ſes proviſions de la Capitainerie d'Halatte , ſont conçûës dans les mêmes termes : Voila donc cinq proviſions conſecutivement accordées depuis prés d'un ſiecle , qui contiennent les mêmes énonciations des mêmes Lieux ; ſçavoir celles du ſieur Marquis de Saint-Simon du 20 Septembre 1630. celles de Monſieur le Prince Louis , du dernier Novembre 1674. celles de Monſieur le Prince Henri Jules, du 7 Janvier 1687. celles de Monſieur le Duc Louis , du 9 May 1709. & enfin celles de Monſieur le Duc Henri , du 4 Mars 1710. Ces énonciations toûjours réïterées & toûjours conformes , produiſent donc une poſſeſſion immemoriale ; & quelque force qu'elles ayent par elles-mêmes , elles tirent un nouveau degré d'autorité de la Déclaration du Roy , du 23 Mars 1675. où les mêmes Lieux ſont exprimez diſertement : de-là vient auſſi que toutes les fois qu'il s'eſt formé pour ce ſujet quelques conteſtations, le Roy les a toûjours décidées conformément à ces proviſions , & ſur le fondement des autres titres qui ſont rapportez ci-deſſus, par un grand nombre d'Arrêts du Conſeil qui ſervent à confirmer de plus en plus la nature , les privileges & l'étenduë de la Capitainerie d'Halatte.

1710.

Cotte 31.

D

*Dix Arrêts qui confirment la nature , les privileges & l'é-
tenduë de la Capitainerie d'Halatte.*

Cotte 14.
1626.
    Le premier de ces Arrêts eſt celui du Conſeil privé du Roy , donné le 11 Octobre 1626. en faveur du ſieur de Mazerat , contre le Lieutenant General de Beauvais , & autres qui eſt ſous la Cotte 14. & dont on a parlé ci-devant.

1681
    Le ſecond Arrêt du 23 Decembre 1681. fut rendu contre Jean Noël , Garde-Bois de la Terre d'Ermenonville , & contre les nommez Terrau freres , contre qui l'on avoit informé & decreté en la Capitainerie d'Halatte, ils s'étoient por
Cotte 32. té appellans de la procedure extraordinaire , & du decret décerné contr'eux ; ils demandoient au Conſeil que pour proceder ſur leur appel, ils fuſſent renvoyez aux Requêtes de l'Hôtel au Souverain : mais par l'Arrêt contradictoire , *Sa Majeſté , ſans s'arrêter à leur appel, les renvoya devant les Officiers de la Capitainerie d'Halatte , pour être leur Procés fait & parfait juſqu'au Jugement diffinitif, ſauf l'appel au Conſeil, & les condamna aux dépens ;* par conſequent le Roy a jugé qu'Ermenonville , qui eſt dénommé dans les proviſions , fait partie de la Capitainerie d'Halatte , & eſt renfermé dans ſes limites.

1686.
    Le troiſiéme Arrêt du Conſeil eſt du 30 Mars 1686. Antoine Corbon , Receveur des Terres du ſieur de la Motte Houdancourt Archevêque d'Auch , s'étoit pourvû au Parlement de Paris , où il avoit obtenu Arrêt , qui faiſoit défenſes d'executer les decrets décernez , tant contre lui que contre Jacques de Senlis , par les Officiers de la Capitainerie Royale du Baillage de Senlis , pour avoir chaſſé ſur les
Cotte 32. Terres de Roberval , & de Sacy le Petit , faiſant partie de ſon bail , & étant compriſes dans ſa Ferme. Le Procureur du Roy de la Capitainerie d'Halatte , obtint de ſa part une

commiſſion du grand Sceau, l'inſtance fut inſtruite contradictoirement au Conſeil privé du Roy ; & par l'Arrêt
donné ſur les productions reſpectives des Parties, *Sa Maje-*
ſté ſans s'arrêter à l'Arrêt du Parlement de Paris du 20 Juin
précedent, a renvoyé Marc-Antoine Corbon, & Jacques de Sen-
lis au Siege de la Capitainerie des Chaſſes du Baillage de Sen-
lis pour y proceder en premiere inſtance, ſuivant les derniers
erremens & par appel au Conſeil. Or , Sacy le petit eſt au-
delà de la Riviere d'Oyſe, dans la diſtance de la lieuë priſe,
& à compter du Bois des Ageux qui eſt un des lieux marquez, non-ſeulement dans les proviſions du ſieur Marquis
de Saint-Simon de l'année 1630. & dans les autres poſte-
rieures , mais encore dans celles du ſieur de Mazerat du
28 Février 1621.

Le quatriéme Arrêt eſt du 24 Septembre 1687. & il fut
donné contre le Commandeur de Laigneville , qui pour ſe
vanger des rapports qui avoient été faits, tant contre lui
que contre ſes domeſtiques, pour avoir chaſſé dans la Terre de Laigneville dépendante de la Capitainerie d'Halatte,
avoit fait aſſigner devant ſon Juge l'un des Gardes, pour
lui être fait défenſes de laiſſer courir ſon chien ſur la Terre
de Laigneville; cette Procedure donna lieu à un Réglement
de Juges au Conſeil; & par Arrêt, il fut ordonné ſur la Requeſte du Procureur du Roy de la Capitainerie d'Halatte,
que le Commandeur de Laigneville & ſon Procureur Fiſcal y ſe-
roient aſſignez; & cependant Sa Majeſté fait défenſes de faire
pourſuites ailleurs qu'au Conſeil, juſqu'à ce qu'il en ait été au-
trement ordonné , ſans préjudice neanmoins de l'inſtruction qui
ſeroit continuée par les Officiers de la Capitainerie d'Halatte, &
cela quoique la Terre de Laigneville ſoit au-delà de la Riviere d'Oyſe.

Le Procureur du Roy en la Capitainerie d'Halatte , obtint le même jour 24 Septembre 1687. un cinquiéme Arrêt femblable contre les Religieux de Sainte Geneviéve, Seigneurs de Ver. Au mois de Juin 1687. les Religieux de Sainte Geneviéve avoient fait commencer quelques Procedures par les Officiers de leur Juftice de Ver contre les nommez Philippe Thury, Marchand demeurant à Ermenonville, & Etienne Tramblay demeurant à la Chapelle lez Chailly, qu'ils accufoient d'avoir chaffé & pris des Lapins fur leur Terre de Ver : le Procureur du Roy de fon côté avoit fait rendre un Jugement le 20 Juin 1687. en la Capitainerie d'Halatte, qui faifoit défenfes aux Officiers de la Juftice de Ver de prendre aucune connoiffance du fait des Chaffes, attendu que le Village de Ver étoit dans l'étenduë de la Capitainerie ; cette Sentence ayant été fignifiée, les Religieux de Sainte Geneviéve fe pourvûrent par appel en la Table de Marbre du Palais à Paris ; le Procureur du Roy en la Capitainerie d'Halatte fe pourvût de fa part au Confeil ; *& par Arrêt donné fur fa Requefte le 24 Septembre 1687. il fut ordonné que les Parties y feroient affignées, & cependant que l'inftruction du procés feroit faite & continuée par les Officiers de la Capitainerie.*

Nov. 1687.

Cotte 32.

    Le fixiéme Arrêt du Confeil eft du 25 Novembre 1687. il fut obtenu par le Procureur du Roy contre Philippes Thury, qui avoit été trouvé chaffant dans la Forêt d'Halatte, & qui avoit appellé au Parlement de Paris, tant comme de Juge incompetant, qu'autrement de l'information contre lui faite, & du decret donné en confequence ; mais par Arrêt du Confeil, *il fut renvoyé à la Capitainerie d'Halatte pour y proceder en premiere Inftance, fuivant les derniers erremens, & par appel au Confeil, avec défenfes de faire pourfuites ailleurs.* Cet Arrêt fait donc connoître que toutes les fois que la jurifdiction & les privileges de la Capitainerie d'Halatte ont été attaquez, le Roy les a toûjours confirmez.

Le septiéme Arrêt du 10 Decembre 1696. est un Arrêt du Conseil d'Etat rendu Sa Majesté y étant, entre feu Monsieur le Prince Henry-Jules de Bourbon, & entre les Creanciers & Directeurs des Creanciers de la Maison de Vic, Seigneurs d'Ermenonville, au sujet des procedures faites en la Capitainerie Royale d'Halatte pour fait de Chasse arrivé dans la terre d'Ermenonville. Les Directeurs s'étoient pourvûs par appel en la Table de Marbre, où ils avoient surpris deux Sentences le 22 & le 23 Octobre 1696. mais par l'Arrêt du Conseil d'Etat *ces deux Sentences furent cassées, & en consequence Sa Majesté ordonna que sa Declaration du 23 Mars 1675. seroit executée, avec défenses aux Officiers de la Table de Marbre & à tous autres Juges d'y contrevenir sous quelque pretexte que ce puisse être.*

Même Cotte. 1696.

Le huitiéme Arrêt du 24 du mois Decembre 1696. fut rendu sur la Requête du Procureur du Roy en la Capitainerie d'Halatte, qui demandoit d'être déchargé d'une assignation que les Religieux de Saint Leu de Serent lui avoient fait donner au Grand Conseil, pour y proceder sur l'appel qu'ils avoient interjetté d'une Sentence donnée en la Capitainerie d'Halatte; & par l'Arrêt *il fut ordonné, sans s'arrêter à cette assignation, que les Parties procederoient au Conseil de Sa Majesté sur leur appel.* Or quoyque Saint Leu de Serent ne soit pas un des lieux qui sont dénommés dans les Provisions des Capitaines d'Halatte, il est non seulement à la porte du Château & Parc de l'Aversine, mais il est encore dans la lieuë prise & à compter de l'extremité du Bois de la Pommeraye que toutes les Provisions comprennent, en remontant jusqu'à celles du sieur de Mazerat, du 13 Decembre 1608.

Meme Cotte. Decmb. 1696.

Le neuviéme Arrêt du 14 Fevrier 1707. est un Arrêt du

Cotte 33. 1707.

D iij

Conseil du Roy Sa Majesté y étant, rendu contre les Sieur & Dame Lombard Seigneurs d'Ermenonville, sur la Requête de Monsieur le Prince Henry-Jules. Les Sieur & Dame Lombard prétendoient que la Terre d'Ermenonville ne faisoit point partie de la Capitainerie d'Halatte, & ils avoient osé déclarer dans deux actes qu'elle n'y étoit point comprise; Monsieur le Prince fit voir de son côté que la Terre d'Ermenonville dépendoit si certainement de la Capitainerie Royale d'Halatte, que dans les trois Provisions données par Sa Majesté en 1630. en 1674. & en 1687. cette Terre y étoit dénommée, que cette dénomination avoit été confirmée par une Declaration expresse du 23 Mars 1675. que c'étoit une chose jugée par les Arrêts du Conseil du 23 Decembre 1681. du 5 Novembre 1687. & du 3 Decembre 1696. Ces moyens parurent si décisifs & si convaincants à Sa Majesté, que par l'Arrêt du Conseil d'Etat du 14 Fevrier 1707. Elle ordonna, *que la Declaration du 23 Mars 1675. & l'Arrêt du 10 Decembre 1696. seroient executez, en conséquence défenses sont faites aux Sieur & Dame Lombard & à tous autres, d'y contrevenir, & de troubler Monsieur le Prince dans le droit qui lui appartient, comme Capitaine, sur le fait des Chasses dans la Terre d'Ermenonville & dépendances, comme compris dans la Capitainerie Royale d'Halatte.*

Même Cot- Cet Arrêt ayant été signifié aux Sieur & Dame Lombard, ils présenterent leur Requeste au Roy, & ils y conclurent: *A ce qu'il plût à Sa Majesté les recevoir opposans à l'Arrest obtenu au Conseil par Monsieur le Prince, sur sa Requeste du 14 Février 1707. comme aussi en tant que de besoin à celui du 10 Decembre 1696. ce faisant, sans s'arrester aux énonciations inserées aux Lettres de Provisions du feu sieur Marquis de Saint Simon, & à celles de M. le Prince Loüis & de M. le Prince Henry-Jules, pour la Capitainerie d'Halatte, ny aux énonciations portées par les Lettres Patentes du 23 Mars 1675. declarer* la Terre d'Ermenonville n'être sujette à la Capitainerie d'Halatte ; *&)* en conséquence faire défenses, tant aux Officiers de cette Capitainerie qu'à tous autres, de donner aucuns troubles aux Sieur *&)* Dame Lombard, dans les droits de Chasse qui leur appartiennent, à peine de tous dépens, dommages interests, si mieux n'aimoit Sa Majesté les recevoir opposans aux Arrests du Conseil des 1 Decembre 1696. *&* 14 Février 1707. *& sans* que les énonciations insérées dans les Provisions du feu sieur Marquis de Saint Simon, *&)* de Messieurs les Princes, ny celles portées par les Lettres Patentes de 1675. pussent nuire ny préjudicier, renvoyer les Parties au Conseil d'Etat Privé, pour leur estre fait droit sur le fond de leurs contestations, *&* pour y procéder sur l'Instance qui y étoit déja liée entre les Officiers de cette Capitainerie, *&* les Sieur *&* Dame Lombard : ils fondoient les conclusions de leur Requeste sur ce qu'ils soûtenoient que Monsieur le Prince ne pouvoit rapporter aucuns titres constitutifs du droit de la Capitainerie d'Halatte sur la Terre d'Ermenonville ; ils ajoûtoient que l'érection de cette Capitainerie, dont tous les autres titres doivent tirer leur force, ne paroissoit pas, que les Provisions du sieur Marquis de Saint Simon & celles de Messieurs les Princes, ne sont que de simples titres énonciatifs qui suposent un droit & qui ne l'atribuent point ; que ces Provisions peuvent servir de preuves de l'extension que les Officiers de cette Capitainerie ont essayé de lui donner, qu'au fond le droit commun, les exemples des autres Capitaineries & les titres particuliers de la Terre d'Ermenonville, résistoient ouvertement à la prétention de Monsieur le Prince ; que les Ordonnances, tant anciennes que nouvelles, ne donnent aux Capitaineries qu'une lieuë d'étenduë au-delà des Forests ; qu'il paroît par un Procés verbal fait par les sieurs de Barillon & de Chamillart, Commissaires députez par le Roy, pour la réformation des Eaux & Forests de Senlis, le 23 Aoust 1663. que la Forest d'Halatte n'aboutit point à la Terre d'Ermenonville, qu'il avoit été fait depuis peu un plan de cette Forest lequel comprend toutes les Terres & les Villages qui y joignent, & où la Terre d'Ermenonville n'est point marquée ; que l'exemple de ce qui s'est fait pour la Capitainerie Royale de Monceau, pour celles de Corbeil & de Lonjumeau, levoit toute sorte de difficultez ; qu'outre le droit commun les Sieur & Dame Lombard étoient fondez en des titres particuliers ; qu'en 1351. le Roy Jean, avoit accordé à Robert de Loris, Secretaire d'Etat, Seigneur d'Ermenonville, pour lui & pour tous les successeurs Seigneurs de cette Terre, la Chasse aux grosses bêtes rouges, & tout le droit que le Roy y avoit, avec puissance d'abbattre les grosses bêtes, tant dedans que dehors la Garenne, excepté toutesfois qu'où le Roy & ses successeurs Rois de France voudroient y chasser, ils le pourroient avec leurs Veneurs, le Roy y étant en personne & non autrement ; que ce droit avoit été conservé aux Seigneurs d'Ermenonville dans leurs anciens aveux, & qu'il leur avoit été confirmé de nouveau par les Lettres Patentes du Roy Henry IV. du mois de Février 1603. On a crû qu'il étoit à propos de rapporter fidelement tous les moyens de la Requeste des Sr & Dame Lombard, parce que ce sont les mêmes qu'ils renouvellent aujourd'huy, que Monsieur le Duc d'Uzés & les autres Seigneurs empruntent d'eux, & qu'ils veulent faire valoir à leur exemple : Cependant cela n'a point empêché l'Arrest du Conseil d'Etat donné Sa Majesté y étant, + *par lequel sans avoir égard à la Requeste des Sieur & Dame Lombard d'Ermenonville, ils sont deboutez de leur opposition à l'execution des Arrests du 10e Decembre 1696. & du 14 Février 1707. ce faisant, il est ordonné qu'ils*

seront

+ *Le 12. Mars 1708.*

feront executez felon leur forme & teneur. La difpofition de ce dernier Arreft rendu contradictoirement & en pleine connoiffance de caufe, a donc détruit par avance tous les fondemens de la défenfe de Monfieur le Duc d'Uzés & des autres Seigneurs ; puifqu'elle ne tend qu'à faire revivre les mêmes moyens que le Roy a déja condamnez dans la bouche de l'un d'entre eux, quoiqu'à la faveur de fes Titres particuliers il parut être le plus favorable de tous.

A ce grand nombre d'Arrefts Monfieur le Duc a joint dans la quatriéme partie de fon Inventaire plufieurs actes de poffeffion, il a fait voir que de temps immemorial il y a des Gardes de la Capitainerie d'Halatte diftribuez dans fon enceinte & établis pour la confervation de la Chaffe à la réfidence de la plûpart des lieux qui font aujourd'huy conteftez & où ils ont toûjours fait leur demeure. Il a produit non feulement plufieurs rapports que les Gardes ont faits en differens temps ; mais encore plufieurs procedures faites & plufieurs Sentences renduës contre ceux qui ont entrepris de chaffer contre les défenfes de Sa Majefté ; il eft vray que Monfieur le Duc en auroit rapporté bien d'avantage fi après le decès du fieur Raimbault, Greffier de la Capitainerie, qui mourut le 12 Aouft 1704. fa veuve n'avoit pas diffipé & vendu les minuttes de fon Greffe, faute d'y avoir apofé les fcelez. Mais quoiqu'il en foit, les droits de la Capitainerie d'Halatte étant juftifiez par tant de Titres & par tant d'Arrefts, on ne peut révoquer en doute que les Officiers n'ayent exercé leur Jurifdiction en fait de Chaffe toutes les fois que l'occafion s'en eft préfentée & que les délits font venus à leur connoiffance.

En effet, les Terres qui compofent la Capitainerie d'Halatte peuvent fe divifer en quatre Claffes. Les premieres, font du Domaine du Roy ; les fecondes, font poffedées par des Engagiftes, les troifiémes, font entre les mains des Ecclefiaftiques & des Moines, & les quatriémes, appartiennent à des Seigneurs particuliers.

Premierement, le corps de la Foreft d'Halatte & tout le Domaine de Senlis font du Domaine de Sa Majefté, par confequent perfonne n'a droit d'y chaffer.

En fecond lieu, Monfieur le Duc d'Uzés & la Dame Marquife de Verderonne poffedent à titre d'engagement ; fçavoir, Monfieur le Duc d'Uzés, le Domaine de Pont-Saint-Maixence, & la Dame Marquife de Verderonne, la Mairie Royale de Brenoüillefituée au-delà de la Riviere d'Oyfe : Or les Seigneurs Engagiftes font les plus mal fondez de tous à vouloir fe fouftraire aux droits de la Capitainerie d'Halatte, foit parce que la loy 16ᵉ *ff. de ufuris & fructibus*, décide que la Chaffe ne doit point être mife au nombre des fruits ordinaires de la Terre, foit parce que nos Rois de la feconde & de la troifiéme race, s'étant toûjours refervé les environs de Senlis pour y prendre le divertiffement de la Chaffe, les engagemens qu'ils ont faits d'une partie de leur Domaine dans les derniers temps, ne peuvent être préfumez avoir été par eux faits dans la vûë de faire obftacle à leurs plaifirs, & de diminuer les droits de leur Capitainerie Royale.

En troifiéme lieu, la plus grande partie des Terres qui font renfermées dans les bornes de la Capitainerie d'Halatte, appartiennent à des Ecclefiaftiques & à des Communautez féculieres & régulieres. Monfieur l'Evêque de Senlis eft Seigneur de Mont-l'Evêque d'Aumont, de Chamant & de Baron en partie ; les Terres de Saint Leonard, de Monlognon & du Pleffys-Cornefroy, appartiennent au Chapitre de Senlis ; le fieur de Lionne Abbé de Chailly eft Seigneur de Chailly, Montaby & Leufy ; les Religieux de Sainte

Genevieve-du-Mont de Paris, sont Seigneurs de Beaurais
& de Ver; les Religieux de Saint Waft d'Aras, sont Seigneurs d'Angicourt; la Seigneurie de Ducy appartient à
l'Abbé de Saint Pierre de Lagny; l'Abbesse & les Religieu-
ses de Chelles sont Dames en partie de Baron; il y a aussi
l'Abbaye de la Victoire, le Prieur de Saint Leu-de-Serant,
le Prieur du grand Frenoy, le Prieur de Saint Leonard-de-
Montatere, le Prieur de Saint Martin-Longau, le Prieur de
Saint Nicolas, le Commandeur de Laigneville & plusieurs
autres. Or les Conciles défendent la Chasse aux Ecclesiastiques & aux Religieux; le Canon *quorumdam distinctione* 34ᵉ
en contient une disposition formelle, & qui plus est, la
plûpart de ceux qui possedent des Terres dans l'étenduë de
la Capitainerie d'Halatte, sont de fondation Royale. Loüis
VIII. fonda l'Abbaye de la Victoire, en memoire de la
bataille de Bouines que Philippes Auguste son pére avoit
gagnée. On a rapporté ci-dessus des Lettres du Roy Philippes
le Bel, dattées à Chailly le 3 Novembre 1302. or ces fon-
dations ont été faites long-temps depuis que les Rois de la
seconde & de la troisiéme race faisoient leur sejour dans
leur Château de Senlis & y prenoient le divertissement de
la Chasse; il est donc impossible de présumer que la dévo-
tion & la pieté qu'ils ont marquées en disposant des Terres
de leur Domaine en faveur des Ecclesiastiques & des Religieux incapables de chasser, suivant les Canons & les Capitulaires, ayent changé l'ordre des choses, & que les Rois
ayent entendu par là s'exclure eux & leur successeurs d'un
droit qui leur étoit acquis long-temps auparavant, ny se
faire tort dans l'exercice & dans l'usage de leurs plaisirs;
c'est donc avec juste raison que l'Ordonnance de François I.
du mois de Mars 1515. & celle du mois d'Aoust 1669. titre
des Chasses, article 35. *défendent aux Prêtres, aux Moines,*

&) aux Religieux, de chasser dans les Capitaineries Royales, à peine d'être bannis des Forêts, &) de ne pouvoir demeurer plus près des Bois, Plaines &) Buissons, que de quatre lieuës pour la premiere fois, &) en cas de récidive, d'en être éloignez de dix lieuës par saisie de leur temporel &) par toutes autres voyes dûës &) raisonnables.

En quatriéme lieu, les autres Seigneurs particuliers, dont les Terres sont comprises dans la Capitainerie d'Halatte, ne sont pas mieux fondez ; l'Ordonnance de François I. du mois de Mars 1515. défend à toutes personnes de quelque état, condition & qualité qu'elles soient, de chasser dans les Forêts, Buissons & Garennes de Sa Majesté. L'Edit d'Henri IV. du mois de Juillet 1607. renouvelle les mêmes défenses contre tous les Seigneurs, Gentilshommes, Haut-Justiciers, & autres, *specialement dans la Capitainerie de Senlis, Pontarmé &) Halatte ;* les Lettres de Cachet écrites au feu sieur Marquis de Saint-Simon en 1653. & en 1662. lui enjoignoient *de tenir la main, à ce que nul ne chasse dans les Plaines, Forêts, Bois &) Buissons dans l'étenduë de sa charge de Capitaine des Chasses de l'ancien ressort du Baillage de Senlis.* L'article 20. du titre des Chasses de l'Ordonnance de 1669. interdit l'usage de la Chasse à toutes sortes de personnes sans exception dans l'étenduë des Capitaineries Royales. La Déclaration du mois de Decembre 1674. *fait de trés-expresses inhibitions & défenses, à toutes personnes de quelque qualité & condition qu'elles soient, tant Gentilshommes que Païsans, sans en excepter aucun, de chasser, faire chasser, ni porter le fusil en quelque sorte & maniere que ce soit dans la Capitainerie d'Halatte.* La Déclaration du 12 Octobre 1699. veut *que les Edits, Déclarations, Ordonnances &) Réglemens concernans la Capitainerie des Chasses de la Varenne du Louvre, Bois de Boulogne, Vincennes, Saint-Germain, Livry, Fontainebleau, Mon-*

œaux , Compiégne , Chambort , Blois , Halatte , Corbeil & Li-
mours , soient executez en ce qui concerne chacune de ces Capitai-
neries , que Sa Majesté confirme en tant que besoin ; ensemble
les Officiers dans les pouvoirs , privileges & jurisdictions qui
leur sont attribués.

Ces Edits , Déclarations & Ordonnances ont servi de ba-
ze & de fondement aux Arrêts du Conseil d'Etat du Roy,
donnez contre le sieur Lombard Seigneur d'Ermenonville,
le 14 Fevrier 1707. & le 12 Mars 1708. ces Arrêts font donc
une Loy commune & generale à l'égard de tous les autres
Seigneurs , puisqu'ils ont été donnez en execution d'Edits,
de Déclarations & d'Ordonnances qui comprennent tous les
Seigneurs hauts-Justiciers sans aucune distinction : les provisions accordées au sieur Marquis de Saint-Simon le 20 Septembre 1630. celles données depuis à Messieurs les Princes,
& la Déclaration du 23 Mars 1675. comprennent disertement les Lieux d'Halatte , Pommeraye , les Ageux , Queuë
Dory , Ermenonville , Chailly , la Victoire , Garenne de
Cornon , Forêts , Bois , Buissons , Plaines & Varennes en
dépendantes ; l'une de ces énonciations ne peut donc avoir
été confirmée que toutes les autres ne le soient en même
temps , puisqu'elles ont leur fondement dans un même principe.

Les choses en cet état , peut-il être permis à Monsieur le
Duc d'Uzés & aux autres Seigneurs d'attaquer le fonds ,
les qualitez , les privileges, & l'étenduë de la Capitainerie
d'Halatte.

En premier lieu , la Capitainerie d'Halatte est trés-ancien-
ne ; elle subsiste depuis un si long temps , qu'il est impossible d'en découvrir la source & l'origine dans les siecles les
plus reculez ; nos plus anciennes histoires font mention du
Château Royal de Senlis , & que les Rois de la seconde &

de la troisiéme race y faisoient leur séjour, & y prenoient le divertissement de la Chasse. Il ne faut donc point chercher ailleurs l'établissement de la Capitainerie du même nom, puisque c'est un Droit Royal attaché necessairement aux Lieux que nos Rois se sont choisis pour y faire leurs demeures, & pour y prendre leurs plaisirs. Nos Rois y ont fait bâtir en differens temps jusqu'à six Maisons Royales, dont le Château de Verneüil qui est le plus nouveau de tous, a été construit par Henri IV. Louis XIII. son fils, & le Roy presentement regnant, n'ont pas moins affectionné cette Capitainerie, & n'ont pas témoigné moins d'attention pour la conserver dans tout son lustre; bien loin de la négliger, ni de la laisser tomber dans l'oubli, ils en ont augmenté le nombre des Officiers & des Gardes, comme il paroît non seulement par les états envoyez & reçûs en la Cour des Aydes le 11 Novembre 1628. le 17 Avril 1634. le dernier Octobre 1656. & le 16 Fevrier 1675. mais encore par la Déclaration de Sa Majesté du 16 May 1676. regiftrée le 27 Juin suivant. On trouve dans les Lettres écrites au fieur Marquis de Saint-Simon en 1653. & en 1662. de nouveaux témoignages de cette verité. C'est donc une entreprise des plus temeraires, que de vouloir attaquer le fond de la Capitainerie d'Halatte, sur tout aprés la Déclaration du 31 Novembre 1674. & aprés celle du 12 Octobre 1699. qui la reserve & la confirme en tant que besoin seroit dans le même temps qu'elle en supprime une infinité d'autres.

En second lieu, la Déclaration du 12 Octobre 1699. ne reserve pas seulement la Capitainerie d'Halatte, mais elle la reserve en qualité de Capitainerie *de Maison Royale* ; & ce n'est pas un droit nouveau que cette Déclaration lui ait attribué, Monsieur le Duc d'Uzés & les autres Seigneurs font forcéz de reconnoître que la Capitainerie d'Halatte a

toûjours confervé fa nature de Capitainerie *de Maifon Roya-*
le, jufqu'au regne d'Henri IV. tant à caufe des differentes
demeures que les Rois y avoient, que parce qu'ils y ve-
nöient prendre de temps en temps le divertiffement de la
Chaffe. Mais eft-il furvenu depuis quelque changement capable d'avoir dégradé cette Capitainerie, qui puiffe la priver de fes droits, & la faire décheoir de fon ancien état ?
les droits régaliens font imprefcriptibles & inalienables de
leur nature, & la confervation de ceux qui font une fois
acquis aux Rois en vertu de leur fouveraineté, dépend uni-
quement de leurs volontez & de leurs bons plaifirs. Or, il
eft ici juftifié par un grand nombre d'Edits, de Déclarations, d'Arrêts du Confeil, de provifions, d'états, & d'autres
actes, que depuis le regne d'Henri IV. les Rois fes fucceffeurs ont voulu que la Capitainerie d'Halatte fubfiftât telle
qu'elle avoit été de toute ancienneté. L'Etat du Roy du 11.
Novembre 1628. & les autres faits depuis jufqu'à prefent,
portent tous, *que les Officiers & les Gardes de la Capitainerie*
d'Halatte, font établis pour la confervation des plaifirs de Sa
Majefté. La Déclaration du 31.Novembre 1674. ajoûte : *Vou-*
lons que les Officiers qui font compris dans l'état de la Capitaine-
rie d'Halatte, joüiffent des mêmes avantages que nos autres Of-
ficiers des Capitaineries des Chaffes des autres Maifons Royales.
Dans laDéclaration du mois de Decembre de la même année
1674. le Roy ordonne *que faCapitainerie d'Halatte foit confer-*
vée tout ainfi que celle de Compiégne dont elle eft voifine, & com-
me celles des autres Maifons Royales, afin d'y pouvoir prendre
le divertiffement de la Chaffe. L'Arrêt du 14 Fevrier 1707. rendu contre les Sieur & Dame Lombard, déclare *que la Terre*
d'Ermenonville eft comprife dans la Capitainerie Royale d'Ha-
latte : par confequent, tout ce qui précede & tout ce qui
fuit la Déclaration du 12 Octobre 1699. affure à la Capi-

tainerie d'Halatte son ancien état, & lui conserve sa qualité de Capitainerie *de Maison Royale.*

En troisiéme lieu, les Capitaineries des Maisons Royales joüissent de plusieurs avantages & de plusieurs privileges qui leur sont propres & particuliers, qui les caracterisent, & qui les distinguent de toutes les autres: or ces privileges ne sont pas seulement communs à la Capitainerie d'Halatte, mais elle les possede même avec quelque sorte de distiction.

Le premier avantage des Capitaineries des Maisons Royales, consiste en ce que leurs Officiers connoissent du fait de Chasse privativement à tous autres Juges, qu'ils font le procés jusqu'à Sentence diffinitive inclusivement, à ceux qui chassent & qui contreviennent aux Ordonnances; & que les appellations des Jugemens rendus sur cette matiere par les Officiers des Capitaineries des Maisons Royales, ne ressortissent point aux Cours de Parlement, mais qu'elles se portent au Conseil de Sa Majesté. Cette prérogative est fondée sur la Déclaration du Roy du 9 May 1656. qui veut que *les Capitaines & Officiers des Chasses de la Varenne du Louvre, Parc & Bois de Boulogne, des Maisons de Saint-Germain en Laye, Versailles, Fontainebleau, & même Chantilly, tant en matiere civile que criminelle pour raison desdites Chasses, procedent au Jugement de tous les procés jusqu'à Sentence diffinitive, sauf l'appel que le Roy se reserve à soy & à son Conseil, pour être jugé & terminé en dernier ressort; avec défenses au Parlement, Grand Conseil, Grands-Maîtres des Eaux & Forêts ou leurs Lieutenans en la Table de Marbre, & à tous autres Juges de prendre à l'avenir pour quelque cause & occasion que ce soit, aucune Cour, Jurisdiction & connoissance du fait desdites Chasses.* Or la Capitainerie d'Halatte, désignée dans cette Déclation sous le nom de Chantilly, joüissoit de cet

avantage

avantage long-temps auparavant : la Déclaration du 27 Juin 1575. attribue au sieur Duclos Capitaine des Forêts d'Halatte, haute & basse Pommeraye, & de la Carnelle lez Beaumont sur Oyse, & à ses Lieutenans, le droit de juger jusqu'à Sentence diffinitive inclusivement, tous les procés qui surviendront pour fait de Chasse dans l'étenduë de leur Capitainerie : la Déclaration du 26 Juillet 1611. confirme le sieur de Mazerat Capitaine des Chasses d'Halatte dans le même droit & dans la même Jurisdiction. L'Arrest du Conseil privé du 11 Octobre 1626. intervenu contre le Lieutenant General de Beauvais, lui fait défenses & à tous autres Juges, de troubler le sieur de Mazerat en la Jurisdiction à lui attribuée par les Ordonnances, Arrêts & Réglemens du Conseil ; la Jurisdiction des Officiers de la Capitainerie d'Halatte étoit donc fondée en titres & en possession plus de 60 années avant que la Déclaration du 9 May 1656. eût été faite, & ils y ont été maintenus & confirmez depuis d'une maniere distinguée ; puisque la Déclaration du 23 Mars 1675. en contient une disposition formelle, l'Arrêt du Conseil d'Etat du 14 Fevrier 1707. ordonne l'execution de cette Déclaration : le sieur Lombard y ayant formé opposition, il en fut debouté par Arrêt contradictoire du 12 Mars 1708. Monsieur le Duc rapporte plusieurs autres Arrêts, qui font des défenses de proceder ailleurs qu'au Conseil, sur les appellations des Sentences renduës par les Officiers de la Capitainerie d'Halatte en fait de Chasse ; ou qui renvoyent les Parties pour y proceder jusqu'à Sentence diffinitive. La Capitainerie d'Halatte joüit donc de cette premiere prérogative attribuée aux Capitaineries des Maisons Royales, & elle y est fondée sur une succession de titres continuez depuis 1575. jusqu'à present, & sur une possession plus que centenaire qui n'a jamais souffert, ni d'interruption, ni d'atteinte.

F

Il y a un second attribut essentiel aux Capitaineries des Maisons Royales, c'est que les Officiers & les Gardes de ces Capitaineries joüissent des privileges des Commensaux de la Maison du Roy. Or, l'Arrêt de la Cour des Aydes du 1 Juillet 1606. donné sur l'état des Capitaines, Officiers & Gardes des Forêts, Bois, Buissons, Garennes, Plaines & Varennes du Roy, comprend ceux de la Capitainerie d'Halatte ; & il porte en termes exprés *que cet état sera enregistré au greffe, pour joüir par les Officiers y dénommez, de l'exemption des tailles, prérogatives, libertez & franchises, & ainsi que les autres Officiers, Domestiques & Commensaux de la Maison du Roy.* Les Arrêts de la même Cour du 23 Fevrier 1629. du 17 Avril 1634. du dernier Octobre 1656. du 27 Juin 1676. du 16 Janvier 1703. confirment les Officiers de la Capitainerie d'Halatte dans les mêmes privileges. La Déclaration du 31. Novembre 1674. regiftrée en la Cour des Aydes le 16 Fevrier 1675. & celle du 16 May 1676. regiftrée pareillement le 27 Juin suivant, veulent aussi que les Officiers & Gardes de la Capitainerie d'Halatte soient maintenus dans les mêmes privileges dont les Officiers Commensaux joüissent par consequent aux termes de ces états, de ces Arrêts & de ces Déclarations ; les Officiers de la Capitainerie d'Halatte sont veritablement Officiers de la Maison du Roy ; ils participent aux honneurs & aux avantages de ses autres domestiques : par consequent la Capitainerie d'Halatte est Capitainerie de *Maison Royale*, puisqu'elle en communique à ses Officiers les prérogatives les plus singulieres & les plus distinguées. Les Officiers de la Capitainerie d'Halatte payent leur Capitation entre les mains du Receveur à qui les Commensaux domestiques de la Maison du Roy la payent : cependant Monsieur le Duc d'Uzés & les autres Seigneurs veulent mettre en parallele la Capitainerie d'Halatte avec

celle de Corbeil ; quoique par la Déclaration de Sa Majefté du 3 May 1694. les Officiers de la Capitainerie de Corbeil doivent feulement joüir des privileges, franchifes,
gages, droits, fruits, profits, revenus & émolumens, dont
joüiffent ou doivent joüir les Officiers des Chaffes *des Maifons non Royales, fuivant l'Ordonnance du mois d'Aouft 1669.*
au lieu que la Capitainerie d'Halatte eft égale en toutes chofes à la Varenne du Louvre, & aux Capitaineries de Saint-
Germain, de Fontainebleau, de Compiégne, & des autres
Maifons Royales, tant pour le titre que pour les privileges.
Il n'y a donc point de comparaifon à faire entre la Capitainerie d'Halatte, & entre celle de Corbeil : la premiere a
le caractere & tous les avantages des Capitaineries *de Maifon Royale.* Mais la feconde ne les a point ; la Déclaration
du 3 May 1694. réduit la Capitainerie de Corbeil à la condition des Capitaineries *des Maifons non Royales*: elle n'eft point
comprife dans l'Edit du mois de Juillet 1607. ni dans la Déclaration de 1656. au contraire l'Edit du mois de Juillet 1607.
fait mention expreffe de la Capitainerie d'Halatte ; elle eft
dénommée fous le nom de Chantilly, dans la Déclaration
de 1656. les états envoyez & reçûs en la Cour des Aydes
depuis plus d'un fiecle attribuent aux Officiers de la Capitainerie d'Halatte, les droits des Officiers Commenfaux, &
domeftiques de la Maifon du Roy. La Déclaration du 31
Novembre 1674. les maintient dans tous les avantages dont
joüiffent les Officiers des Capitaineries des Chaffes des autres Maifons Royales, l'on ne diftingue point les Officiers
Commenfaux & domeftiques de Sa Majefté, foit qu'ils foient
deftinez à fervir auprés de fa perfonne, foit qu'ils foient employez à la confervation de fes plaifirs dans les Capitaineries de fes Maifons Royales, ils lui font tous également utils;
& quoique leurs emplois foient differens, le même fervice

les affocie aux mêmes honneurs & aux mêmes avantages : les Officiers de la Capitainerie d'Halatte étant donc du nombre des Commenfaux de la Maifon du Roy , l'on ne peut fans indifcretion difputer à cette Capitainerie le titre de Capitainerie *de Maifon Royale* , puifqu'elle en a le caractere le plus effentiel , & qu'elle joüit de tous les privileges qui en dépendent.

La troifiéme & derniere prérogative des Capitaineries des Maifons Royales , confifte en ce que perfonne n'y peut chaffer , ni faire chaffer , & que les Seigneurs hauts-Jufticiers n'ont pas même droit d'y chaffer en perfonne dans l'étenduë de leur haute Juftice. *Défendons* , dit l'art. 20. du titre des Chaffes de l'Ordonnance du mois d'Aouft 1669. *à toutes perfonnes de quelle qualité & condition qu'elles foient , de chaffer à l'Arquebuze ou avec Chiens dans l'étenduë des Capitaineries de nos Maifons Royales , &c. même aux Seigneurs hauts-Jufticiers , & tous autres , quoique fondez en titres ou permiffions generales ou particulieres , Déclarations , Edits & Arrêts que nous révoquons à cet égard ; fauf à nous d'accorder de nouvelles permiffions , ou de renouveller les anciennes en faveur de qui bon nous femblera.* La Capitainerie d'Halatte étant donc du nombre des Capitaineries des Maifons Royales , il s'enfuit que cette difpofition d'Ordonnance lui eft commune ; mais outre cette Loy generale pour toutes les Capitaineries des Maifons Royales , celle d'Halatte eft encore fondée dans des Edits , Déclarations , Arrêts & autres titres qui lui font propres & particuliers. L'Edit d'Henri IV. du mois de Juillet 1607. *fait trés-expreffes défenfes à tous Seigneurs , Gentilshommes , hauts-Jufticiers & autres , de quelque qualité & condition qu'ils foient , de chaffer ni faire chaffer à quelque forte de gibier que ce foit dans les Capitaineries de Saint-Germain en Laye , de Senlis , de Pontarmé , d'Halatte , de Compié-*

gne, *& autres.* Les Lettres de Cachet écrites au sieur Marquis de Saint-Simon en 1653. & en 1662. lui ordonnent *de faire publier de nouveau les défenses de chasser dans les Forêts de Senlis & d'Halatte, Plaines, Varennes, Buissons, qui sont dans l'étenduë de son Gouvernement.* La Déclaration du mois de Decembre 1674. faite pour la Capitainerie d'Halatte en particulier, renouvelle les mêmes inhibitions ; & toutes les fois que les Seigneurs hauts-Justitiers ont entrepris d'y chasser ou d'y faire chasser, le Roy lui-même a condamné leurs entreprises, comme il se voit par les Arrêts rendus contre les Seigneurs d'Ermenonville, contre le Commandeur de Laigneville, & contre le Receveur des Terres de Roberval & de Sacy le petit, pour le sieur de la Motte Houdancourt, Archevêque d'Auch.

Aprés avoir établi d'une maniere invincible, le fond, la qualité & les privileges de la Capitainerie d'Halatte, il ne reste plus qu'à faire voir quelle en est l'étenduë.

Quoique la Capitainerie d'Halatte ait été connuë sous des noms differents, la difference de ces dénomminations ne sert qu'à faire voir qu'elle étoit anciennement d'une plus grande étenduë qu'elle n'est aujourd'huy. La Déclaration du 27 Juin 1575. visée dans l'Arrêt du Conseil du 11 Octobre 1626. attribuë au sieur Duclos la qualité de Capitaine *des Forêts d'Halatte, haute & basse Pommeraye, & de la Carnelle lez Beaumont sur Oyse.* Dans la Déclaration du mois de Juillet 1607. cette Capitainerie est appellée *la Capitainerie de Senlis, de Pontarmé & d'Halatte :* elle est dénommée dans l'Arrêt du 11 Octobre 1626. *la Capitainerie d'Halatte, Carnelle, & autres Bois & Buissons, Plaines & Rivieres du Baillage de Beaumont sur Oyse & Senlis.* L'état du Roy du 11 Novembre 1628. & l'Arrêt de la Cour des Aydes du 23 Fevrier 1629. la qualifient du nom de Capitainerie *d'Halatte, haute*

&) baſſe Pommeraye, Pontarmé, Chantilly, Buiſſons, Plaines & Varennes qui en dépendent dans l'étenduë du Baillage & ancien reſſort de Senlis: bien loin donc que l'on ait étendu les limites de cette Capitainerie dans les derniers temps, on l'a renfermée dans des bornes bien plus étroites ; cette fixation s'eſt faite dans les proviſions du ſieur Marquis de Saint-Simon du 10 Septembre 1630. les Princes qui lui ont ſuccedé dans la charge de Capitaines d'Halatte, nont rien innové ; ils n'ont fait que maintenir & conſerver les choſes telles qu'ils les ont trouvées, & en l'état qu'elles étoient avant eux.

Premierement, l'étenduë de la Capitainerie d'Halatte eſt non ſeulement fixée, mais même réduite par les proviſions du ſieur Marquis de Saint-Simon du 20 Septembre 1630. & pour en juger, il ne faut que les comparer, ſoit avec les proviſions précedentes, ſoit avec l'Arrêt du 11 Octobre 1626. ſoit avec l'état du 11 Novembre 1628. reçû en la Cour des Aydes, par Arrêt du 23 Fevrier 1629.

Dans les proviſions du 20 Septembre 1630. *le ſieur de Saint-Simon eſt établi par Sa Majeſté Capitaine des Chaſſes de ſes Foréts d'Halatte, Pontarmé, haute &) baſſe Pommeraye, les Ageux, Queuë Dory, Ermenonville, Chailly, la Victoire, Garenne de Cornon, Foréts, Bois &) Buiſſons, Plaines &) Varennes dépendantes deſdits Lieux.* Or, ces proviſions ne comprennent point la Carnelle les Beaumont ſur Oiſe, qui faiſoit partie de la Capitainerie dont étoit pourvû le ſieur Duclos, ſuivant la Déclaration du 27 Juin 1675. le ſieur de Mazerat ſucceſſeur du ſieur Duclos, après le ſieur de Gévres, étoit auſſi Capitaine des Chaſſes *des Foréts de Carnelle, Plaines, Rivieres & Buiſſons circonvoiſins deſdites Foréts, &) des Bois des Ageux,* ſuivant les proviſions qu'il en avoit obtenuës de Sa Majeſté, qui furent enregiſtrées par Jugement de la Table de Marbre du 30 May 1622. l'Arrêt du Conseil du 11 Octobre 1626. lui donne la qualité *de Capitaine des Chasses des Forêts d'Halatte, Carnelle & autres Bois & Buissons Plaines & Rivieres des Baillages de Beaumont sur Oyse & de Senlis*; & c'est sur ce fondement qu'ayant été troublé dans le fait de sa charge par le Lieutenant General de Beauvais, à l'occasion d'un Cerf tué dans les Bois de Conicante proche Mouy, dans le voisinage de la Ville de Beauvais; défenses furent faites au Lieutenant General de Beauvais, & à tous autres Juges, de troubler le sieur de Mazerat dans la Jurisdiction à lui attribuée par les Edits, Ordonnances, Arrêts & Réglemens du Conseil: par conséquent cet Arrêt donne à la Capitainerie d'Halatte une Jurisdiction & une étenduë bien plus grande que celles qui lui sont attribuées par les provisions du feu sieur de Saint-Simon, & de Messieurs les Princes; il s'en faut bien aussi que les mêmes provisions ayent laissé les choses sur le même pied qu'elles étoient reglées par l'état du Roy, du 11 Novembre 1628. & par l'Arrêt du 23 Fevrier 1629. qui donnent à la Capitainerie d'Halatte *la qualité de Capitainerie des Chasses des Forêts d'Halatte, haute & basse Pommeraye, Pontarmé, Chantilly, Buissons, Plaines & Varennes qui en dépendent dans l'étenduë du Baillage & ancien ressort de Senlis.* Il est donc clair comme le jour par le parallele que l'on vient de faire, que les provisions du feu sieur Marquis de Saint-Simon contiennent tout ensemble une fixation & une réduction de la Capitainerie d'Halatte.

En second lieu, Messieurs les Princes n'ont rien innové de leur temps, & ils n'ont fait que maintenir les choses en l'état qu'ils les avoient trouvées; comme il eût été indigne d'eux de se servir de leur autorité pour les accroître, il étoit de leur devoir de ne point permettre que la conservation des plaisirs de Sa Majesté qu'elle leur avoit confiée, se perdit ou reçût quelque diminution entre leurs mains ; aussi ont ils eu toûjours ces deux objets devant les yeux, & ils ont également tourné leur attention à ne rien entreprendre & à ne rien négliger : les Officiers qui ont agi sous leurs ordres, sont entrez dans ce même esprit, & ils n'ont eu garde de s'en écarter.

Les quatre provisions de Messieurs les Princes contiennent les énonciations des mêmes Lieux qui sont désignez dans les provisions du sieur Marquis de Saint-Simon du 20 Septembre 1630. & elles n'en marquent aucun autre ; dans les provisions de Monsieur le Prince Louis du dernier Decembre 1674. le Roy lui donne *l'état & charge de Capitaine des Chasses des Foréts d'Halatte, haute & basse Pommeraye, les Ageux, Queuë Dory, Ermenonville, Chailly, la Victoire, Garenne de Cornon, Foréts, Bois, Buissons, Plaines & Varennes dépendantes desdits Lieux.* Et la Déclaration de Sa Majesté du 23 Mars 1675. renouvelle les mêmes énonciations, & consacre, pour ainsi dire, la dénomination des mêmes Lieux : le Seigneur d'Ermenonville qui a senti la force de cette Déclaration, & l'effet qu'elle doit produire naturellement y a formé opposition, & il a conclu à ce que les énonciations inserées dans les provisions du feu sieur Marquis de Saint-Simon. & de Messieurs les Princes, ni celles portées par la Déclaration du 23 Mars 1675. qu'il qualifie de Lettres Patentes, ne puissent lui nuire ni lui préjudicier ; mais par Arrêt contradictoire du 12 Mars 1708. donné au Conseil d'Etat du Roy, Sa Majesté y étant, le Seigneur d'Ermenonville a été débouté de son opposition, les énonciations des Lieux qui sont dénommez dans les provisions & dans la Déclaration de Sa Majesté du 23. Mars 1675. ont donc été par là confirmées irrevocablement.

La Déclaration du 12 Octobre 1699. a mis le dernier Sceau

Sceau à l'étenduë de la Capitainerie d'Halatte : on lit dans le préambule de cette Déclaration, qu'en execution de l'Edit du mois d'Aoust 1669. Sa Majesté avoit ordonné par Arrêt du Conseil du 13 Janvier 1698. que tous ceux qui se prétendroient Capitaines des Chasses, representeroient leurs provisions & leurs titres, & que cela avoit été executé. Le Roy veut ensuite *que les Edits , Déclarations , Ordonnances & Réglemens concernans les Capitaineries des Chasses de la Varenne du Louvre , Bois de Boulogne , Vincennes , Saint-Germain, Livry , Fontainebleau , Monceaux , Compiégne , Chambort, Blois , Halatte , Corbeil & Limours , soient executez selon leur forme & teneur , en ce qui concerne chacune de ces Capitaineries que Sa Majesté confirme en tant que de besoin , & leurs Officiers dans les pouvoirs , privileges & Jurisdictions qui leur sont attribuez , sans prétendre pour ce rien innover en leur étenduë ny Jurisdiction :* la Capitainerie d'Halatte ayant donc été réservée par cette Déclaration du 12 Octobre 1699. il en résulte trois choses. 1°. *Qu'elle fut réservée & confirmée en pleine connoissance de cause sur le vû des provisions & des titres.* 2°. *Que les Edits , Déclarations, Ordonnances & Réglemens qui concernent la Capitainerie d'Halatte , doivent être executés.* 3°. *Que le Roy l'a maintenuë dans son étenduë sans y rien innover.* Or l'étenduë de la Capitainerie d'Halatte étoit désignée par les provisions du sieur Marquis de Saint-Simon, & par celles de Messieurs les Princes qui ont été *rapportées & discutées*, pour parvenir à la Déclaration du 12 Octobre 1699. Cette même Déclaration ordonne l'execution des Déclarations précédentes , & par consequent elle confirme celle du 23 Mars 1675. qui détermine les Lieux qui forment le cercle & la circonference de la Capitainerie d'Halatte : c'est sur ce fondement que la Capitainerie d'Halatte est maintenuë dans son étenduë sans y rien innover. Il n'est donc plus

permis aprés la Déclaration du 12 Octobre 1699. de difputer à la Capitainerie d'Halatte les Lieux qui font défignez
dans les cinq provifions confecutives, & dans la Déclaration
du 23 Mars 1675.

Il eft vray que depuis la Declaration du 12 Octobre 1699.
le Roy a reglé les limites de la Capitainerie de Livry par
une autre Declaration du 10 Octobre 1700. & qu'on travaille actuellement à regler celles de la Capitainerie de
Compiegne; mais il y a bien de l'apparence que cela n'eft arrivé que parce que les Lieux qui fervoient à déterminer
la circonference de ces Capitaineries n'étoient point anciennement défignez, comme ils le font à l'égard de la Capitainerie d'Halatte, dans toutes les Provifions expediées
depuis le vingt Septembre 1630. jufqu'à préfent, & par
une Declaration expreffe du 23 Mars 1675. Quoyqu'il en
foit, Sa Majefté s'étant expliquée dans fa Declaration du
douze Octobre 1699. qu'Elle n'entend rien innover dans l'é-
tenduë de la Capitainerie d'Halatte; il s'enfuit que tous les
Lieux marquez dans les Provifions & dans la Declaration
du 23 Mars 1675. y doivent demeurer fujets, c'eft un point
que le Roy a décidé lui même dans fa Declaration du 12.
Octobre 1699. & qu'il a confirmé depuis par les Arrefts du
Confeil d'Etat du 14 Février 1707. & du 12 Mars 1708.
à l'égard de la Seigneurie d'Ermenonville qui eft un des
Lieux dénommez dans les Provifions du fieur Marquis de
Saint Simon & de Meffieurs les Princes, & dans la Decla-
ration du 23 Mars 1675.

Dès que les Lieux dénommez dans les Provifions & dans
la Declaration du 23 Mars 1675. font de la Capitainerie
d'Halatte, tous les autres qui font entre deux en font auffi
neceffairement, foit parce qu'ils font plus voifins du centre de la Capitainerie, foit parce qu'ils font enfermez dans

le cercle & dans la circonference, comme Monfieur le Duc l'a fait voir dans fon Inventaire, & cette preuve eft fondée fur une démonftration mathematique; car le cercle que l'on décrit du centre à la circonference, contient tout l'efpace qui eft entre deux & qui va de l'un à l'autre: Or fi cette regle eft vraye en general, elle l'eft encore plus en fait de Capitaineries, puifqu'il eft impoffible que le Roy ait un droit exclufif & prohibitif dans le centre & dans la circonference, qu'il ne l'ait en même-temps dans toute la continence qui y eft enclavée.

Au refte, les endroits marquez dans les Provifions & dans la Declaration du 23 Mars 1675. font ou des Bois, ou des Lieux enclavez dans les Bois, ou qui font aux reins des Forefts; Halatte, Pommeraye, les Ageux, Queuë Dory, Garenne de Cornon font Forefts, Bois, ou Buiffons; Ermenonville & Chailly font enclavez dans les Bois, & la Victoire en eft tout proche; par confequent la nature des Lieux dont il s'agit fait qu'ils font effentiellement du corps de la Capitainerie d'Halatte, mais les Bois & Buiffons adjacents n'en font pas moins; parce que les cinq Provifions confecutives & la Declaration du 23 Mars 1675. contiennent deux parties. Dans la premiere, elles dénomment certains Lieux en particulier, & dans la feconde, elles reprennent *les Forefts, Bois & Buiffons, Plaines & Varennes en general*. Cette derniere difpofition s'applique donc à d'autres Bois & Buiffons que ceux qui font défignez par leurs noms; cela comprend donc les Bois, Buiffons, Plaines & Varennes qui font à une certaine diftance, & s'ils n'ont pas été nommez individuellement, c'eft qu'il y en avoit un trop grand nombre & qu'il étoit comme impoffible que des Provifions fuffent fufceptibles d'un fi long détail; on a donc évité de les en charger en fe fervant d'une difpofition generale qui comprend toutes les Forests, Bois, Buissons, Plaines & Varennes, à une certaine distance.

Or, pour fixer cette distance &pour la déterminer, il n'est pas besoin icy d'établir une nouvelle loy, elle est faite dans les Ordonnances anciennes & nouvelles; il n'y a donc qu'à les executer, & l'étenduë de la Capitainerie d'Halatte se trouve par là fixée & limitée, sans qu'il puisse y avoir le moindre sujet de disputer, ny le moindre prétexte de contestation; les Seigneurs particuliers n'auroient qu'à se rendre justice & à voir s'ils sont dans la lieuë, ou hors de la lieuë que les Capitaineries Royales ont & ont droit d'avoir, à compter du bord & de l'extremité des Forests, Bois & Buissons des plaisirs de Sa Majesté.

En effet, l'Edit du mois de Juillet 1607. défend *à tous Seigneurs, Gentilshommes, Hauts-Justiciers & autres de quelque qualité & condition qu'ils soient, de chasser ny faire chasser aux bêtes fauves & noires, perdrix, liévres, faisans & autres gibiers défendus par les Ordonnances, dans les Bois & Forests de Sa Majesté, ny à une lieuë à la ronde desdites Forests, Parcs, Bois, Buissons & Garennes, & specialement en la Capitainerie de Saint Germain en Laye, de Senlis, de Pontarmé & d'Halatte, &c. avec tout ce qui dépend desdites Forests, Bois, Buissons & Garennes.* Or cet Edit fut fait par Henry IV. qui a bâti le Château de Verneüil; quand donc il a fait des défenses de chasser à une lieuë à la ronde de la Capitainerie de Senlis, Pontarmé & Halatte, & des Forests, Bois & Buissons, & Garennes en dépendants; on ne peut douter que ces défenses n'ayent dès lors reglé la lieuë telle qu'elle s'est toûjours observée depuis, particulierement si l'on cosidere que Henry IV. qui fir cet Edit, alloit souvent prendre le plaisir de la Chasse en son Château de Verneüil qu'il avoit fait construire, & qu'il fixe la prohibition à une lieuë à la ronde de ſes Foreſts, Parcs, Bois, Buiſſons, & Garennes; par conſequent tout ce qui ſe trouve compris dans la lieuë au-delà des Parcs & Buiſſons de Verneüil, de Creil & de la Verſine, eſtdemeuré compris ſans aucune difficulté dans les limites de la Capitainerie d'Halatte, ſuivant l'Edit du mois de Juillet 1607. auſſi le Roy l'a-t'il jugé par deux Arreſts du Conſeil rendus, l'un contre le Commandeur de Laigneville, & l'autre contre les Religieux de Saint Leu-de-Serant; par conſequent les Seigneurs dont les Terres ſont au-delà de la Riviere d'Oyſe, ont tort de prétendre que cette Riviere doive ſervir de borne à la Capitainerie d'Halatte. Les Rois ayant bâti ſur les bords de l'Oyſe les Châteaux de Feſcamp, de Creil, de Laverſine & de Verneüil, c'eſt une grande erreur de croire qu'ils ayent reſtraint & limité leurs plaiſirs au-deça de cette Riviere ſans les prendre au-delà, quoique le pays d'outre l'Oyſe ſoit le plus beau pour la reſerve; auſſi le Bois des Ageux qui eſt un Buiſſon à un quart de lieuë au-delà de cette Riviere eſt-il du corps de la Capitainerie d'Halatte. Il eſt expreſſement déſigné dans le jugement de la Table de Marbre du 30 May 1622. qui enregiſtre les Proviſions du ſieur de Mazerat, il eſt compris nommément dans celles du ſieur Marquis de Saint Simon, du 20 Septembre 1630. & dans les Proviſions de Meſſieurs les Princes, du dernier Decembre 1674. du 7 Janvier 1687. du 9 May 1709. du 4 Mars 1710. & dans la Declaration du Roy, du 23 Mars 1675. Comment les Seigneurs dont les Terres ſont au-delà de la Riviere d'Oyſe & du Bois des Ageux, peuvent-ils donc inſiſter dans leur ſiſtême, leur prétention ne peut être regardée que comme une contravention à l'Edit du mois de Juillet 1607. à la Declaration du 23 Mars 1675. & aux Proviſions des ſix derniers Capitaines accordées ſucceſſivement

depuis près d'un siecle ? C'est d'ailleurs une chose confir-
mée par l'Arrest du Conseil donné pour la Seigneurie de
Sacy le petit, comprise dans la lieuë au-delà du Bois des
Ageux.

L'Ordonnance des Eaux & Forests du mois d'Aoust 1669,
renouvelle en ce point la disposition de l'Edit du mois de
Juillet 1607.

L'article treize du titre des Chasses de cette Ordonnance porte : *Faisons très-expresses inhibitions & défenses à tous
Seigneurs, Gentilshommes, Hauts-Justiciers & autres personnes de quelque qualité & condition qu'ils soient, de tirer ou
chasser à bruit dans nos Forests, Buissons, Garennes & Plaines.* Et l'article suivant ajoûte : *Permettons neanmoins à tous
Seigneurs, Gentilshommes & Nobles, de chasser noblement à
force de chiens & oyseaux dans leurs Forests, Buissons, Garennes & Plaines, pourvû qu'ils soient éloignez d'une lieuë de
nos plaisirs, même aux chevreux & bêtes noires dans la distance de trois lieuës.* Cet article distingue donc de deux
sortes de Chasses, sçavoir la Chasse aux grosses bêtes & la
Chasse au menu gibier : Elles ont l'une & l'autre cela de
commun, qu'elles ne sont permises qu'à une certaine distance des plaisirs, & que cette distance se mesure également
à prendre & à compter du bord & de l'extremité des Forests,
Buissons, Garennes & Plaines. Si cet espace & cet éloignement se tiroient du centre, comme Monsieur le Duc d'U-
zés & les autres Seigneurs le prétendent, il en résulteroit
deux grandes absurditez : La premiere, que les plaisirs de
Sa Majesté pour la Chasse des grosses bêtes ne pourroient
jamais s'étendre qu'à trois lieuës à l'entour, en partant de
ses Maisons Royales, & qu'à l'égard du menu gibier, la
Chasse en seroit restrainte dans la circonferenc de la lieuë,
à compter du centre des Capitaineries : La seconde, est

que dans ce faux fiftême l'Ordonnance de 1669. feroit directement contraire à l'Edit du mois de Juillet 1607. cet Edit défend en termes exprès *de tirer ny chaffer à une lieuë à la ronde des Forefts, Parcs, Bois, Buiffons & Garennes, étant dans les plaifirs.* Quand donc l'Ordonnance de 1669. permet aux Seigneurs Hauts-Jufticiers de chaffer dans leurs Forefts, pourvû qu'elles foient éloignées d'une lieuë des plaifirs, cette lieuë ne s'y peut entendre dans un autre fens, foit parce que l'éloignement des plaifirs renferme également le centre & la circonference, & comprend tout ce qui en fait partie, foit parce que l'Ordonnance de 1669. n'eft à cet égard qu'un renouvellement & une confimation de l'Edit du mois de Juillet 1607. comme l'article 1ʳ du titre des Chaffes de l'Ordonnance du mois d'Aouft 1669. le marque difertement.

L'article 35. du même titre de l'Ordonnance de 1669. veut *qu'il foit défendu pour la premiere fois aux Prêtres, Moines & Religieux, qui feront trouvez chaffans dans les plaifirs, & qui n'auront pas de quoi fatisfaire à l'amende, de demeurer plus preft des Forefts, Bois & Buiffons, que de quatre lieuës, & qu'en cas de récidive, ils en foient éloignez de dix lieuës par faifie de leur temporel.* Or perfonne n'a jamais penfé que cet éloignement à quatre ou à dix lieuës doive fe mefurer du centre de la Capitainerie. Quand donc l'article 16. du même titre permet aux Seigneurs de chaffer dans leurs Forefts, Buiffons, Garennes & Plaines, pourvû qu'ils foient éloignez d'une lieuë des plaifirs; on ne peut donner à cet éloignement une autre explication que celle que l'article 35. du même titre lui donne : Et en effet, les Plaifirs comprennent toute l'étenduë que Sa Majefté fe referve pour le divertiffement de la Chaffe, la permiffion qu'Elle accorde aux Seigneurs de chaffer fur leurs Terres, pourvû qu'elles foient éloignées d'une lieuë de fes Plaifirs, fait donc connoître fenfiblement qu'il faut qu'il y ait une lieuë d'interval entre l'extremité des Plaifirs & entre les Forefts, Buiffons, Garennes & Plaines des Seigneurs, où il leur eft feulement permis de chaffer au menu gibier : Or il ne faut qu'appliquer l'Edit du mois de Juillet 1607. & l'Ordonnance du mois d'Aouft 1669. à l'efpece, pour être perfuadé que les Officiers de la Capitainerie d'Halatte les ont toûjours obfervé religieufement fans s'en écarter, & que leur poffeffion y eft entierement conforme; on ne peut leur difputer les Lieux qui font dénommez fpecifiquement dans les Provifions & dans la Declaration du 23 Mars 1675. il n'eft point permis par la même raifon de leur contefter les Forêts, Buiffons, Plaines & Varennes circonvoifines que les mêmes titres leur accordent, & au-delà de ces Forefts, Bois, Buiffons, Plaines & Varennes, ils ont droit de joüir de la lieuë pour le menu gibier, & des trois lieuës pour les grandes bêtes, puifque c'eft une loy prefcrite par l'Edit du mois de Juillet 1607. & par l'Ordonnance du mois d'Aouft 1669.

Monfieur le Duc ayant établi le fond, la qualité les privileges & l'étenduë de la Capitainerie d'Halatte fur des titres inconteftables, il pourroit en demeurer là; parce que les principes qu'il a pofez détruifent de fond en comble tous les moyens generaux & particuliers que Monfieur le Duc d'Uzés & les autres Seigneurs ont propofez dans leurs Memoires.

Mais pour empêcher qu'ils ne tirent d'un filence raifonnable le fujet d'un vain triomphe, on leur répondra fuccintement & l'on fuivra pour le faire, le même ordre qu'ils ont tenu; on commencera donc par leurs objections generales & on finira par leurs objections particulieres.

RE'PONSES

Les Objections generales de Monsieur le Duc d'Uzés & des autres Seigneurs, se divisent naturellement en deux parties: les premieres attaquent le fond & l'existence de la Capitainerie d'Halatte; les secondes combattent son étenduë.

Monsieur le Duc d'Uzés & les autres Seigneurs particuliers disent en premier lieu contre le fond & l'existence de la Capitainerie d'Halatte, que la liberté de la Chasse est donnée par le droit commun de la France, non-seulement à tous les Seigneurs hauts-Justiciers, mais encore aux moindres Seigneurs feodaux, sur les heritages dépendans de leurs Fiefs; qu'ils n'ont besoin d'autres titres pour établir cette liberté que de la proprieté de leurs Terres; que c'est à celui qui prétend donner atteinte à cette liberté ou la restraindre, à prouver sa prétention, parce qu'une pareille prétention est une servitude des plus onereuses; que nulle servitude ne peut s'acquerir ni subsister sans titre; qu'ainsi il ne s'agit pas d'examiner quels titres d'exemption les Seigneurs rapportent pour s'affranchir; mais quels titres le Procureur du Roy represente pour les asservir.

PREMIERE REPONSE.

Cette Objection attaque le fond de toutes les Capitaineries Royales, & l'on s'efforce d'y faire voir qu'elles sont contraires au Droit commun & à la liberté publique. Il est vray que par un faux respect, on fait semblant de ne s'en prendre qu'au Procureur du Roy de la Capitainerie d'Halatte. Mais c'est un voile grossier dont on se sert pour porter des coups avec plus d'hardiesse aux droits de la Souveraineté les plus anciens, & les mieux établis. Monsieur le Duc est sen-

fible aux égards que les Seigneurs témoignent pour fa perfonne, il leur en eft obligé ; mais il ne s'agit point ici de fes
intérêts ; & quand il en feroit queftion, il les oubliroit pour
maintenir les droits de Sa Majefté que Monfieur le Duc
d'Uzès & les autres Seigneurs ont entrepris de détruire dans
leurs Mémoires, & de fapper jufques dans les fondemens
ils ofent fe plaindre des réferves que les Rois ont faites pour
leurs plaifirs, & ils les accufent d'être contraires à la liberté publique : Monfieur le Duc eft donc doublement engagé
de repouffer cette plainte indifcrete, & par fon rang de
Prince du Sang, & par le devoir de fa Charge.

SECONDE RÉPONSE.

Dans le Droit Romain, les qualitez de Seigneurs Hauts-
Jufticiers & de Seigneurs féodaux, n'étoient point connues,
chacun étoit maître de chaffer fur fon heritage : en France,
le droit de permettre ou de défendre la Chaffe eft un droit
royal, comme on l'a montré, les Fiefs ne font devenus per-
pétuels & hereditaires parmi nous que depuis le commencement de la troifiéme race ; la Juftice appartient foncière-
ment aux Rois, eux-feuls anciennement l'exerçoient ou la
faifoient exercer en leurs noms ; & c'eft ou par entreprife
ou par conceffion, que les Seigneurs particuliers fe la font
attribuée par fucceffion de temps : pour peu donc que l'on
foit verfé dans l'ufage des Fiefs & des Juftices feigneuriales,
il eft impoffible de croire que cela puiffe avoir donné attein-
té, ni porté préjudice à un droit de la fouveraineté tel qu'eft
celui de permettre ou de défendre la Chaffe, puifque ce
droit eft plus ancien, ni que l'établiffement des Fiefs, ni que
la conceffion des Juftices.

Puisque les Rois en France ont le pouvoir de permettre ou de défendre la Chasse, avec combien moins de raison peut-on leur contester le droit exclusif & prohibitif qui leur appartient dans tous les Lieux qu'ils se sont choisis d'ancienneté pour y bâtir des Maisons Royales, & dans les cantons qu'ils ont mis en reserve pour y prendre le divertissement de la Chasse: en le faisant, ils n'ont usé que d'une partie de leur autorité; ce droit est établi par toutes les Ordonnances tant anciennes que nouvelles; & l'article 14. du titre des Chasses, qui *permet* au Seigneurs de chasser sur leurs Seigneuries, en est une confirmation : la même Ordonnance s'exprime bien differemment à l'égard du Droit du Roy, & à l'égard des droits des Seigneurs sur le fait de Chasse; quand le Roy parle de ses plaisirs dans l'article 13. *il fait trés-expresses inhibitions & défenses à tous Seigneurs, Gentilshommes hauts-Justiciers & autres d'y chasser.* Mais lorsque dans l'article suivant il fait mention du pouvoir que les Seigneurs ont de chasser sur leurs Fiefs, c'est *une permission* qu'il leur accorde; c'est donc en quelque sorte se rendre indigne de cette permission de la part des Seigneurs, que de vouloir la faire servir à la destruction d'un droit royal dont elle est émanée, & qu'ils tiennent en bien-fait de lui, pour les Terres qu'ils possedent hors des limites des Capitaineries Royales: c'est en cela que consiste le droit public du Royaume; & bien loin qu'il soit contraire à la liberté des Seigneurs, c'est de ce droit qu'ils tirent & qu'ils empruntent leur privilege de chasser dans l'étenduë de leurs Hautes-Justices & de leurs Fiefs, à l'exclusion des Particuliers à qui les fonds appartiennent.

QUATRIÈME RÉPONSE.

Les Coûtumes du Royaume ne font point uniformes fur la matiere des fervitudes. L'art. 186. de la Coûtume de Paris, dit à la verité, *droit de fervitude ne s'acquiert par longue joüiffance telle qu'elle foit, fans titres.* Mais dans la Coûtume de Senlis où la Capitainerie d'Halatte eft fituée, la fervitude s'établit par une *poffeffion immemoriale* & centenaire: c'eft l'efpece d'un Arrêt du 11 Fevrier 1658. & c'eft auffi l'avis de Ricard & celui de Saint Leu dans leurs Commentaires fur l'art. 268. de leur Coûtume. Au refte, fi le droit de fervitude eft défavorable, c'eft parce qu'il eft contraire à la nature des chofes: or cette idée ne peut convenir aux Capitaineries Royales qui font fondées dans les plus anciennes loix du Royaume, & qui font partie des droits de la Souveraineté. Monfieur le Duc d'Uzés & les autres Seigneurs ne font donc pas excufables d'ofer traiter de fervitude odieufe, le droit qu'ont nos Rois de défendre la Chaffe dans leurs plaifirs: il eft vray que ce droit gêne la liberté des Particuliers, mais les Seigneurs Hauts-Jufticiers & feodaux ne gênent-ils pas eux-mêmes celle des Proprietaires, dont les heritages font enclavez dans leurs Fiefs ou dans leurs Hautes-Juftices, ne regardent neanmoins cette permiffion que les Ordonnances leur accordent comme le droit commun de la France. Ce n'eft donc pas raifonner jufte, ni confequemment de leur part, de vouloir faire paffer la fource & le principe du même droit qui réfide en la perfonne de leur fouverain Seigneur d'une maniere infiniment plus éminente à caufe de la plénitude de fa puiffance, pour un droit exorbitant, & pour une charge fâcheufe & infupportable.

Monfieur le Duc d'Uzés & les autres Seigneurs, difent en fecond lieu qu'il ne fuffit pas de rapporter des Edits, des

Provisions , des Lettres Patentes , des Arrêts, des Lettres de Cachet , des états d'Officiers , des Ordonnances du Roy , & des Arrêts du Conseil pour établir l'existence & l'ancien-neté de la Capitainerie d'Halatte ; qu'il est surprenant qu'en-tre tous ces titres rassemblez avec tant de soin , on ne trou-ve point le premier qui doit servir de fondement à tous les autres , c'est-à-dire , le titre d'érection.

PREMIERE REPONSE.

Les Capitaineries Royales font partie des droits de la Souveraineté ; ce font des suites essentielles & necessaires du pouvoir que les Rois ont de choisir certains endroits qu'ils mettent en reserve pour leurs plaisirs : c'est un droit Royal attaché à la Couronne , suivant la remarque de Monsieur le Bret & des autres Jurisconsultes François ; la Capitainerie d'Halatte n'a donc pas eu besoin d'un titre particulier d'é-rection , c'est le séjour que les Rois ont fait dans les diffe-rens Châteaux qu'ils ont bâtis dans l'étenduë de cette Ca-pitainerie , & le divertissement de la Chasse qu'ils y ont pris qui lui ont donné l'être. Il y a preuve par l'histoire que le Château Royal de Senlis subsistoit avant le neuviéme siecle. Les Rois de la seconde & de la troisiéme race ont toûjours continué depuis d'affectionner cette portion de leurs plai-sirs autant & plus que les autres ; c'est donc bien mal à pro-pos que Monsieur le Duc d'Uzés & les autres Seigneurs s'obstinent à prétendre qu'on doit leur representer le titre de l'érection de la Capitainerie d'Halatte , c'est à peu prés comme s'ils demandoient qu'on leur rapporte le titre de la Loy salique , ou des Edits de création pour l'établissement des droits regaliens qui font attachez à la Couronne.

SECONDE RÉPONSE.

Dumoulin & les autres Jurifconfultes diftinguent deux fortes de titres, fçavoir les titres conftitutifs, & les titres déclaratoires, *titulus duplex, alter collatorius, alter declaratorius.* Le titre déclaratoire fuffit quand il eft ancien, & fur tout quand il eft accordé par ceux qui ont droit & intereft de le faire, *modo fit conceffus ab habente poteftatem & cujus intereft.* Or les Edits, les provifions, les Lettres Patentes, les Déclarations, les Lettres de Cachet, les états des Officiers, & les Arrêts du Confeil que Monfieur le Duc d'Uzés & les autres Seigneurs combattent avec tant de vehemence, font des titres émanez de la propre perfonne des Rois, à qui feuls le droit de former des Capitaineries Royales & de les donner, appartient; par confequent des titres de cette nature ont autant de force qu'un Edit de création, & ils ont par leur nombre & par leur autorité la même efficace qu'un titre conftitutif; quoique le franc-aleu ne puiffe s'établir fans titre, fuivant le droit commun du Royaume, la poffeffion immemoriale en tient lieu, *quia tanti temporis decurfus habuit vim tituli*, comme dit Dumoulin. Peut-il donc tomber dans l'efprit que ce que fait la poffeffion immemoriale, à l'egard du franc-aleu, les Edits, les Provifions, les Lettres Patentes, les Déclarations du Roy, les Lettres de Cachet, les états des Officiers, & les Arrêts du Confeil, ne puiffent pas le faire par rapport aux Capitaineries Royales qui font de droit public, & une dépendance attachée à la fouveraineté de nos Rois.

TROISIÉME RÉPONSE.

Les Déclarations du Roy qui reglent les Capitainereries de

Saint-Germain , de Fontainebleau , & plusieurs autres ne
visent point les titres de leurs établissemens , ni aucuns Edits
pour leur érection , quoique ces Capitaineries soient moins
anciennes que celles de Senlis & d'Halatte ; c'est donc une
preuve démonstrative qu'elles n'en ont pas eu besoin , parce que l'établissement des Capitaineries Royales dans certains Lieux , s'est formé naturellement & de plein droit , ou
par le séjour que nos Rois y ont eu , ou par la destination
qu'il leur a plû d'en faire , pour y prendre le divertissement
de la Chasse. Or la Capitainerie d'Halatte a ces deux cara-
ctères , & elle les a même avec distinction ; elle est comprise nommément dans l'Edit d'Henri I V. du mois de Juillet
1607. & dans la Déclaration du mois de May 1656. Sa Majesté a fait quatre Déclarations expresses & particulieres le
11 Novembre & le dernier Decembre 1674. le 23 Mars
1675. & le 16 May 1676. pour maintenir la Capitainerie
d'Halatte dans tous ses anciens privileges : elle a été réservée dans la Déclaration du 12 Octobre 1699. comme celles
de la Varenne du Louvre, du Bois de Boulogne , & les autres ; elles y sont toutes également confirmées en pleine
connoissance de cause ; & sur le vû des titres , le Roy veut
*que les Edits , Déclarations , Ordonnances & Réglemens qui les
contiennent , soient executez ;* par conséquent cette Déclaration du 12 Octobre 1699. sert à la Capitainerie d'Halatte ,
d'un rempart invincible contre les attaques de Monsieur le
Duc d'Uzés & des autres Seigneurs ; ils ne font point d'attention qu'en demandant la représentation du titre de l'é-
tablissement de la Capitainerie d'Halatte , ils demandent
que Sa Majesté détruise un nombre presqu'infini d'Edits ,
de Déclarations & d'Ordonnances , qu'elle & les Rois ses
prédecesseurs ont faits sur ce sujet depuis plus d'un siecle ,
une telle prétention ne peut donc être regardée que com-

me une entrepriſe témeraire , hazardée, ſans aucune eſpe-
rance d'y pouuoir réüſſir , puiſqu'il n'eſt permis à perſonne de contrevenir aux Edits , Déclarations & Ordonnanes
qui ſont pour les Sujets du Roy, des Loix ſacrées & invio-
lables.

Monſieur le Duc d'Uzés & les autres Seigneurs diſen en
troiſiéme lieu qu'ils ont demandé , que faute par le Procureur du Roy de produire l'Edit de création de la Capitainerie d'Halatte , ainſi qu'il en a été ſommé par differens
actes , pour prouver que les proviſions de Meſſieurs les Princes & celles du feu ſieur Marquis de Saint Simon , ne contiennent rien qui n'y ſoit conforme ; elles ſeront rapportées
& réformées ſur celles ſcellées au profit du ſieur de Mazo-
rat le 13 Decembre 1608. & que le ſurplus des énonciations
des Terres que l'on prétend ſujettes à la Capitainerie d'Halatte, ſera rayé.

PREMIERE RÉPONSE.

Louis Lombard Seigneur d'Ermenonville, eſt un de ceux
au nom de qui le Memoire ſignifié le 22 Fevrier 1714. a
été donné, c'eſt lui qui leur a fourni le plan de leur défeſe
commune; mais ils devoient avoir la prudence de s'en défier,
& de ne point donner aprés lui dans un écüeil contre lequel
il a déja échoüé juſqu'à deux differentes fois dans les Arrêts
du Conſeil d'Etat du 14 Fevrier 1707. & du 12 Mars 1708.
Sa Majeſté y étant, le premier de ces Arrêts avoit ordonné *que la Déclaration du 23 Mars 1675. & l'Arrêt du Conſeil d'Etat du 10 Decembre 1696. ſeroient executez ; & en conſequence défenſes furent faites aux Sieur & Dame Lombard,
& à tous autres d'y contrevenir & de troubler Monſieur le
Prince dans le droit à lui appartenant comme Capitaine des
Chaſſes*

6

Chasses dans la Terre d'Ermenonville et) dépendances , comme comprise dans la Capitainerie Royale d'Halatte : Le S' Lombard oubliant le respect & l'obéissance qu'il devoit à un Arrêt émané de la propre personne de Sa Majesté, poussa son indiscretion & sa témerité jusqu'à y former opposition ; on a déja fait voir qu'il fondoit ses deux principaux moyens sur le défaut de representation du titre de l'établissement de la Capitainerie d'Halatte, & sur ce qu'il prétendoit que les Provisions du feu sieur Marquis de Saint-Simon & de Messieurs les Princes, étoient obreptrices & subreptices , *il concluoit à ce que sans s'arrêter aux énonciations inserées aux Lettres de Provisions dont il s'agit , ni aux énonciations portées par les Lettres Patentes du 23 Mars 1675. la Terre d'Ermenonville seroit déclarée n'être point sujette à la Capitainerie d'Halatte ;* mais par le second Arrêt contradictoire du 12 Mars 1708. donné par le Roy étant en son Conseil , *le sieur Lombard fut debouté de son opposition.* Comment ose-t-il donc se flatter qu'en appellant à son secours les Seigneurs voisins qui sont dans le même cas que lui, leur union fera retracter un Jugement si respectable, soit qu'on considere que c'est une Loy que le Roy a faite en pleine connoissance de cause, & aprés une discussion exacte & scrupuleuse des raisons proposées de part & d'autre , soit qu'on fasse attention que cet Arrêt du 12 Mars 1708. ne fait que confirmer des Edits, des Déclarations , des Ordonnances données précedemment en faveur des Capitaineries des Maisons Royales en general , & pour celle d'Halatte en particulier ? si donc l'entreprise du sieur Lombard fut condamnée dans un temps où les choses paroissoient encore entieres, de quel œil doit-on regarder celle que les autres Seigneurs & lui, s'efforcent de renouveller lorsque tout est consommé par deux Arrêts qui sont l'ouvrage de la propre personne de Sa Majesté, & qui doivent imposer à jamais silence aux ennemis de la Capitainerie d'Halatte.

SECONDE RÉPONSE.

Bien loin que les limites de la Capitainerie d'Halatte ayent été étenduës & augmentées dans les provisions du feu sieur Marquis de Saint-Simon, & dans celles de Messieurs les Princes, elles y ont été au contraire réduites & resserrées. Monsieur le Duc a prouvé ci-dessus par des titres invincibles, que l'étenduë de cette Capitainerie étoit bien plus considerable du temps des sieurs Duclos, de Gévres, & de Mazerat, qu'elle ne l'a été depuis. La Déclaration du 27 Juin 1575. justifie *que le sieur Duclos étoit Capitaine des Foréts d'Halatte, haute & basse Pommeraye &) de la Carnelle lez Beaumont sur Oyse.* L'Arrêt du Conseil du 11 Octobre 1626. qualifie *le sieur de Mazerat Capitaine des Chasses des Foréts d'Halatte, Carnelle, & autres Bois & Buissons, Plaines & Rivieres du Baillage de Beaumont sur Oyse, &) de Senlis.* L'état du Roy du 11 Novembre 1628. qui comprend les Officiers de la Capitainerie d'Halatte, *les comprend sous le nom d'Officiers des Chasses des Foréts d'Halatte, haute & basse Pommeraye, de Pontarmé & Chantilly, Buissons, Plaines &) Varennes qui en dépendent dans l'étenduë du Baillage & ancien Ressort de Senlis, que le Roy a ordonné pour la conservation de ses plaisirs esdits Lieux.* Monsieur le Duc d'Uzés & les autres Seigneurs se trompent donc lourdement, lorsqu'ils prétendent que les provisions du sieur Marquis de Saint-Simon, & celles de Messieurs les Princes, doivent être rapportées & réformées comme ayant été surprises, & comme n'étant point conformes aux plus anciennes, les provisions scellées au profit du sieur de Mazerat le 13 Decembre 1608. que Monsieur le Duc d'Uzés & les autres Seigneurs veulent

prendre pour regle, l'établissent Capitaine des Chasses d'Halatte, haute & basse Pommeraye, Plaines & Buissons circonvoisins : Or les termes, *Plaines & Buissons circonvoisins*
sont indéfinis & emportoient une étenduë arbitraire que
Louis XIII. & le Roy à present regnant ont jugé à propos
de fixer & de restraindre plus particulierement dans les Provisions du feu sieur Marquis de Saint-Simon du 20 Septembre
1630. & dans celles expediées depuis en faveur de Messieurs
les Princes. Monsieur le Duc d'Uzés & les autres Seigneurs
n'ont donc pas sujet de se plaindre de cette fixation, & ils
ont tort de dissimuler les secondes Provisions obtenuës par
le sieur de Mazerat le 28 Fevrier 1621. & qui furent enre-
gistrées en la Table de Marbre le 30 May 1622. comme les
premieres qu'il avoit obtenuës le 20 Decembre 1608. le
faisoient non seulement Capitaine des Chasses d'Halatte,
haute & basse Pommeraye, mais encore des Plaines & Buissons circonvoisins ; cela lui servit de fondement pour les
faire expliquer & pour en obtenir de secondes, à l'occasion
des difficultez qui lui furent suscitées de la part de quelques
Seigneurs voisins ; les secondes provisions dénomment specifiquement *la Forêt de Carnelle, Plaines, Rivieres & Buissons circonvoisins, & le Bois des Ageux.* Le Roy n'a donc fait
qu'expliquer par là d'une maniere plus nette & plus expli-
cite son intention qu'il avoit déja marquée implicitement
par les termes *de Plaines & Buissons circonvoisins*, qui se
trouvoient employez dans les premieres Provisions du sieur
de Mazerat, du 13 Decembre 1608. bien loin donc que les
Seigneurs qui se prétendent exempts de la Capitainerie d'Halatte, pussent trouver leur compte à faire réformer les
cinq dernieres Provisions sur celles du sieur Mazerat, cela
ne serviroit qu'à donner à cette Capitainerie beaucoup plus
d'étenduë qu'elle n'a presentement, soit parce que les pre-

mieres Provifions de ce Capitaine comprennent les Bois &
Buiffons circonvoifins, foit parce qu'en explication de ces
termes indéfinis, il a fait regler par Sa Majefté dans de fecondes Provifions que la Forêt de Carnelle, les Bois des
Ageux, Plaines, Rivieres & Buiffons circonvoifins, étoient
des dépendances de fa Charge : la réformation que Monfieur le Duc d'Uzés & les autres Seigneurs demandent, feroit donc directement contraire à leur propre fyftême, &
elle combattroit ouvertement leurs interêts : car pour les fatisfaire, il faudroit ajoûter aux Bois des Ageux, aux Plaines, Rivieres & Buiffons circonvoifins, la Forêt de Carnelle & les autres dépendances, fuivant l'énonciation de l'Arrêt du Confeil du 11 Octobre 1626. qui donne au fieur de
Mazerat *le titre de Capitaine des Chaffes des Foréts d'Halatte,
Carnelle & autres Bois, Buiffons, Plaines & Rivieres du Baillage de Beaumont fur Oife, & de Senlis* ; par conféquent il
ne faut que comparer cette énonciation avec celles qui font
dans les Provifions du fieur Marquis de Saint-Simon & de
Meffieurs les Princes, pour juger fi l'on a pû fe flatter rai-
fonnablement de faire rapporter & rayer ces dernieres : les
énonciations qui font dans les Provifions du feu fieur Marquis de Saint-Simon, & dans celles de Meffieurs les Princes, font autorifées par la Déclaration de Sa Majefté du 23
Mars 1675. L'Arrêt du Confeil d'Etat du 14 Fevrier 1707.
ordonne que cette Déclaration fera executée, & elle avoit
été confirmée déja par celle du 12 Octobre 1699. qui referve
la Capitainerie d'Halatte au nombre des Capitaineries *des
Maifons Royales*, en pleine connoiffance de caufe fur le vû
des titres, & qui veut que les Edits & Déclarations, Ordonnances & Réglemens qui concernent cette Capitainerie,
foient executez felon leur forme & teneur : quand donc
Monfieur le Duc d'Uzés & les autres Seigneurs particuliers

concluent au rapport & à la réformation des cinq dernieres Provisions de la Capitainerie d'Halatte , c'est conclure
indirectement au rapport & à la réformation des Edits, Déclarations, Ordonnances & Réglemens faits & donnez sur
cette matiere ; il n'y a donc jamais eu d'exemple d'une ten-
tative si indiscrete & si témeraire.

Monsieur le Duc d'Uzés & les autres Seigneurs disent en
quatriéme lieu, que la Capitainerie d'Halatte n'est pas à beaucoup près si ancienne qu'on voudroit le faire accroire, qu'il
paroît par un titre que les Religieux de Sainte Geneviéve
ont produit, qu'elle n'étoit point encore créée il y a 160
ans ou environ, que ce titre est du 3 Novembre 1546. qu'il
prouve qu'en ce temps-là il n'y avoit encore à Halatte qu'un
Gruyer pour le Roy appellé Daniel Dufresnoy, qu'on a fait
depuis de ce Gruyer un Capitaine des Chasses, qui par consequent est moins ancien que la datte de ce titre.

PREMIERE REPONSE.

Apres toutes les preuves qui sont tirées de l'Histoire &
des Ordonnances, on ne peut disputer raisonnablement à la
Capitainerie d'Halatte sa grande ancienneté, & peut-être est-
elle la plus ancienne de toutes.

SECONDE REPONSE

Le titre que Monsieur le Duc d'Uzés & les autres Seigneurs vantent si fort & font sonner si haut, ne sçauroit leur
être d'aucun secours ; c'est la copie par Extrait d'une transa-
ction passée le 3 Novembre 1546. par Daniel Dufresnois,
qualifié Gruyer de la Forêt d'Halatte pour le Roy nôtre
Sire, & Receveur de Chantilly , pour Anne de Montmo-

rancy Connétable & Grand Maître de France ; par conſequent pour effacer les inductions que l'on prétend tirer de
cette piece, il ſuffit de faire attention ſur les deux qualitez que
ce Particulier ſe donne ; il ſe dit Gruyer de la Forêt d'Halatte, & Receveur de Chantilly. Peut-il donc tomber dans
l'eſprit que le Receveur d'une Terre appartenant alors à la
Maiſon de Montmorancy, fut chargé du ſoin de conſerver
les plaiſirs de Sa Majeſté, & qu'il en occupa la premiere place dans un temps où nos Rois avoient encore des Châteaux
ſubſiſtans dans l'étenduë de la Capitainerie d'Halatte, & y
faiſoient de frequents ſéjours.

En effet, pour peu que l'on ſoit verſé dans la connoiſſance des Ordonnances & des Coûtumes, on ne ſçauroit ignorer que le Gruyer eſt un des Officiers des Maîtriſes particulieres. Ragueau dans ſon indice des droits Royaux, le défi-
nit en ces termes. *C'eſt un Officier des Forêts*, dit il, *qui a le
marteau pour marquer le Bois & Arbres que l'on vend, ou que
les Uſagers prennent pour bâtir & chaufer, en quelques endroits,
il s'appelle Verdier.* L'art. 306. de la Coûtume de Sedan, en
parle ſuivant cette définition. Il porte que *les Bois deſtinez
pour être abattus, doivent être marquez du Marteau du Gruyer :*
Et l'Auteur de la Conference des Ordonnances, Liv. 11.
Tit. 13. des Eaux & Forêts, rapporte l'Ordonnance du Roy
Charles V. donnée à Melun au mois de Juin 1376. qui attribuë *aux Verdiers, Gruyers, Gardes & Maîtres, la connoiſſance de tous les délits qui ſe commettront en matiere d'Eaux &
Forêts.* L'article 57. de l'Ordonnance de Charles VI. donnée à Paris au mois de Septembre 1402. fait auſſi mention
du Maître des Forêts, du Gruyer, ou Maître Sergent. Daniel
Dufreſnois en qualité de Gruyer, étoit donc aux termes
des anciennes Ordonnances, ou le Garde-Marteau de la
Forêt d'Halatte, ou le Maître Sergent : c'eſt donc par un

trait de malignité que l'on voudroit confondre cet Office avec la Charge de Capitaine de la Capitainerie Royale d'Halatte, dont la fonction a été de tout temps de conserver les plaisirs de Sa Majesté, & qui n'a jamais été possedée que par des personnes d'une grande consideration.

Monsieur le Duc d'Uzés & les autres Seigneurs, disent en cinquiéme lieu, qu'une Capitainerie est une Jurisdiction; que les qualitez, les droits & l'étenduë des Jurisdictions ne s'établissent point par des énonciations inserées, soit dans des Provisions ou dans d'autres Actes; qu'il faut que la Jurisdiction soit d'abord érigée par un Edit; que les Provisions qui s'expedient en consequence de cette creation y doivent être exactement conformes; que s'il survient des raisons qui demandent que l'on change la qualité de la Jurisdiction, que l'on augmente ses droits, il faut une Declaration nouvelle, par laquelle le Roy expliquant ses intentions, ajoûte aux dispositions de l'Edit précedent tout ce qu'il trouve à propos d'y ajoûter.

PREMIERE RE'PONSE.

Il faut faire difference entre le droit des Capitaineries Royales & entre la Jurisdiction qui leur est attribuée; on a fait voir que le droit qu'ont nos Rois, de se reserver certains cantons pour leurs plaisirs, est un droit Royal & une dépendance de leur souveraineté qui se trouve établi par toutes les Ordonnances anciennes & nouvelles; mais la Jurisdiction qu'ils y ont annexée n'est qu'un attribut surajoûté dans les derniers siecles par des Ordonnances, Edits & Declarations. Anciennement la punition des Particuliers trouvez chassans dans les Forests, Bois, Buissons, Plaines & Varennes dépendant des Plaisirs de Sa Majesté, appartenoit aux Baillis & Sénechaux en qualité de Juges ordinaires & naturels, chacun dans leur reſſort; c'eſt l'état où les choſes ont ſubſiſté juſqu'à l'Ordonnance de François I. du 12 Decembre 1538. qui veut *que la connoiſſance, correction & punition des infracteurs des Ordonnances ſur le fait des Chaſſes, ſoient & appartiennent à l'avenir aux Prevôts des Marechaux de France, ou à leurs Lieutenans, & non à d'autres.* Le même Roy fit au mois de Juillet 1539. une ſeconde Ordonnance ſemblable; elle fut renouvellée par Henry II. le 5 Février 1549. & depuis confirmée par l'Edit du 5 Septembre 1552. Mais cette attribution accordée aux Prevôts des Marechaux, a depuis été changée en faveur des Officiers des Capitaineries des Maiſons Royales, & celle d'Halatte a l'avantage d'avoir pour elle la premiere Declaration donnée ſur cette matiere; elle eſt du 27 Juin 1575. & elle ordonne *que le ſieur Duclos (apitaine des Forêts d'Halatte, haute & baſſe Pommeraye, & de la Carnelle lez Beaumont ſur Oyſe, & ſes Lieutenans connoîtront & jugeront du fait des Chaſſes en la forme preſcrite par les Ordonnances juſqu'à Sentence difinive incluſivement, avec défenſes aux Grands Maîtres, Prevôts des Marechaux & autres Juges d'en connoître.* Il eſt vray que cette Declaration n'eſt point rapportée; mais il ſuffit qu'elle ſoit viſée dans l'Arrêt du Conſeil du 11 Octobre 1626. pour en aſſûrer l'exiſtence & l'autorité. Nos Rois ont donné depuis pluſieurs autres Declarations conformes; qu'elle raiſon Monſieur le Duc d'Uzés & les autres Seigeurs peuvent-ils donc avoir eû de s'étendre inutilement en de longs diſcours pour prouver qu'une Juriſdiction doit d'abord être erigée par un Edit, puiſque la Juriſdiction de la Capitainerie d'Halatte a certainement cet avantage? C'eſt donc par défaut d'attention qu'ils ſont tombez dans cette mépriſe.

SECONDE

La Jurisdiction de la Varenne du Louvre ne fut creée
que par une Declaration d'Henry IV. du 15 May 1597.
mais outre que la Capitainerie d'Halatte étoit dès auparavant en possession du même avantage par la Declaration
du 27 Juin 1575. elle y fut confirmée de nouveau par deux
autres Declarations suivantes ; la premiere, du 12 Septembre
1597. donnée en la même année que la Jurisdiction de la
Varenne du Louvre fut établie, & la seconde, du 26 Juillet 1611. qui rappelle celle du 12 Septembre 1597. & qui
attribuë *au sieur de Mazerat toute Cour, Jurisdiction & connoissance de tous délits qui se feront au fait de Chasses ;* il obtint sur cette Declaration des Lettres de Surannation le 20
Octobre 1628. quand donc la Capitainerie d'Halatte n'auroit que ces titres pour fonder sa Jurisdiction, il est certain
qu'elle ne lui pourroit être contestée, mais elle en a bien
d'autres. Et en effet, Sa Majesté, *dans la Declaration du 9
May 1656. se reserve & à son Conseil la connoissance des appellations des jugemens rendus par ses Officiers des Chasses de la
Varenne du Louvre, du Parc & Bois de Boulogne, de Saint
Germain en Laye, de Versailles, de Fontainebleau & Chantilly ;*
par consequent la Capitainerie d'Halatte ou de Chantilly,
étoit regardée alors comme égale en tout aux Capitaineries
des Maisons Royales les plus distinguées, les plus favorisées
& les plus privilegiées ; cette distinction lui fut encore continuée dans la Declaration du 23 Mars 1675. qui lui est
particuliere & qui fut faite exprès pour elle à ce sujet : Et
enfin, la derniere Declaration du 12 Octobre 1699. qui supprime plusieurs Capitaineries & qui n'en conserve qu'un
petit nombre, ne met pas seulement celle d'Halatte au
nombre des reservées, mais elle confirme encore en tant

K

que befoin fes Officiers *dans les pouvoirs, privileges & ju-*
rifdictions qui leur font attribuez; de là vient auffi que toutes les fois que des Seigneurs ou des Particuliers ont eû la
temerité d'attaquer la Jurifdiction de la Capitainerie d'Halatte, elle y a été toûjours maintenuë, comme il eft juftifié
par les Arrêts qui font rapportez ci-deffus. Ce n'eft donc
pas fur de fimples énonciations que la Jurifdiction de la
Capitainerie d'Halatte s'établit, mais fur une fuite de Declarations multipliées qui la créent & qui la confirment
avec des Privileges fi finguliers, qu'à la referve de la Varenne du Louvre & de quelques autres qui font formées
fur le même pied, il n'y en a pas qui puiffent aller d'un
pas égal avec elle.

Au refte, quoyque Monfieur le Duc d'Uzés & les autres Seigneurs attaquent à force ouverte le fond de la Capitainerie d'Halatte, ils font femblant de n'en vouloir ny à
fon exiftance ny à fon ancienneté, ils difent que c'eft la
feule étenduë qu'on veut donner à cette Capitainerie qui
les intereffe & qu'ils combattent; mais cette figure fe trouve icy placée bien mal à propos; c'eft à proprement parler
rendre les armes lorfqu'on fe fent vaincu, c'eft un aveu
public que font les Seigneurs de leur impuiffance & de leur
mauvaife volonté tout enfemble. Pourquoy font-ils des
efforts inutils pour détruire le fond d'un droit royal, puifqu'ils font eux-mêmes convaincus qu'ils l'attaquent fans raifon & fans efperance d'y réüffir? Il faut donc paffer à la
feconde partie de leurs objections generales; car dès qu'ils
fe condamnent fur la premiere, & qu'à cet égard ils défa-
voüent leur entreprife, il n'y a qu'à les juger par leurs bou-
ches & fur leurs propres reconnoiffances.

Monfieur le Duc d'Uzés & les autres Seigneurs particuliers difent en premier lieu contre l'étenduë de la Capitai-

nerie d'Halatte , qu'ils conviennent que cette Capitainerie est Royale , mais qu'ils nient qu'elle soit de Maison Royale ; qu'il n'y a point de Capitainerie qui ne soit Royale , parce que c'est une Jurisdiction qu'un autre que le Roy ne peut établir en France ; qu'il ne s'ensuit pas pour cela que la Capitainerie d'Halatte soit Capitainerie de Maison Royale, qu'elle est Capitainerie de l'espece de celles de Corbeil & de Limours ; qu'elle est rangée dans la même classe par la Declaration de 1699. qui en supprimant la plûpart des Capitaineries l'a conservée , que cette conservation est faite sans rien innover dans les Capitaineries reservées & sans y rien ajoûter ; que Sa Majesté declare au contraire en termes exprés que son intention est plutôt de restraindre les Capitaineries reservées que de les étendre , qu'ainsi c'est une illusion de prétendre que la Capitainerie d'Halatte soit devenuë par là Capitainerie de Maison Royale , quoyqu'elle ne l'eût jamais été ny pû être auparavant ; que les Capitaineries des Maisons Royales sont celles qui sont attachées à quelques Maisons Royales actuellement existentes ; que la simple dénomination suffit pour établir cette définition ; qu'il est certain qu'il n'y a point de Maison Royale bâtie & existente dans toute l'étenduë de la Capitainerie d'Halatte où nos Rois puissent faire leur sejour ; qu'il est donc vray que cette Capitainerie ne peut être regardée comme Capitainerie de Maison Royale & du nombre de celles qui sont censées faire les Plaisirs de Sa Majesté.

PREMIERE REPONSE.

Monsieur le Duc croiroit perdre le temps s'il entreprenoit de répondre en détail à tous les membres dont cette objection est composée ; aprés avoir prouvé , comme il a fait,

que la Capitainerie d'Halatte eſt du nombre des Capitaineries de Maiſons Royales, & qu'elle en a tous les caracteres,
tous les attributs, tous les avantages & tous les privileges.

SECONDE REPONSE.

Le Domaine de Senlis eſt un de plus anciens Domaines
de la Couronne, la beauté du pays, les Forêts dont il eſt
environné, le voiſinage de Paris, ont engagé nos Rois d'y
bâtir juſqu'à ſix Maiſons Royales en differens temps, & d'y
prendre ſouvent le plaiſir de la Chaſſe. Depuis le regne
d'Henry IV. qui fit conſtruire le Château de Verneüil, les
Rois ſes ſucceſſeurs n'ont pas moins affectionné que lui la
Capitainerie d'Halatte; on a fait voir qu'ils en ont augmenté le nombre des Officiers & des Gardes, qu'ils l'ont qualifiée du nom de Capitainerie de Maiſon Royale dans l'état
du 11 Novembre 1628. dans la Declaration du 31 Novembre 1674. dans celle du mois de Decembre de la même
année, & dans pluſieurs autres Titres; qu'ils l'ont enfin
maintenuë dans tous les privileges dont joüiſſent les Officiers Commenſaux de Sa Majeſté, ce qui eſt le caractere
eſſentiel qui diſtingue les Capitaineries des Maiſons Royales
d'avec celles qui ne le ſont pas. Monſieur le Duc d'Uzés
ny les autres Seigneurs ne réüſſiront donc point à dégrader,
comme ils prétendent, la Capitainerie d'Halatte & à lui
faire perdre ſon titre & ſes avantages, ſous pretexte qu'il n'y a
plus dans ſon étenduë de Maiſon Royale qui ſoit actuellement
exiſtente & que nos Rois puiſſent habiter; il dépend de leur
volonté de maintenir les droits qui leur ſont une fois acquis
& de les conſerver dans leur ancien état. Le même pouvoir
qui crée & qui donne l'être ſuffit pour le ſoûtien & pour
la conſervation de ce qui eſt fait, les Rois qui peuvent

mettre hors de leurs mains à titre d'échange, d'engagement, de fondation ou autrement, les Châteaux qu'ils ont
une fois bâtis, sont les maîtres de retenir & de conserver
les Capitaineries qu'ils y avoient formées pour leurs plaisirs dans le même état & avec les mêmes privileges qu'elles
avoient auparavant. Ce n'est point à l'existence actuelle
d'une Maison Royale que le titre de Capitainerie de Maison Royale est necessairement attaché, le droit de permettre & de défendre la Chasse étant un droit Royal; il dépend de la plenitude de la puissance & de la pure volonté des Rois. Lorsqu'il leur plaît de bâtir de nouveau des
Maisons Royales où il n'y en avoit pas, ils sont les maîtres
d'y former une nouvelle Capitainerie de Maison Royale,
ils peuvent donc à plus forte raison conserver leurs anciennes Capitaineries sur le même pied, quoiqu'ils cessent d'habiter les Châteaux où leurs prédecesseurs avoient fait leur
sejour, ou quoyqu'ils en disposent, il y a telles Maisons Royales où quelques-uns de nos Rois n'ont pas été une fois seulement dans tout le cours de leur regne, ont-elles été pour cela
déchûës des droits & des avantages qui leur appartiennent ?
Les Capitaineries des Maisons Royales n'ont point d'autre fin
ny d'autre objet que le divertissement de la Chasse que Sa
Majesté y prend de temps en temps, ou qu'elle destine
d'y prendre quand il lui plaît. Dans la Capitainerie de
Livry il n'y a pas de Maison Royale existente que le Roy
puisse habiter, cette Capitainerie est neanmoins du nombre des Capitaineries des Maisons Royales, parce que les
états en sont envoyez à la Cour des Aydes comme ceux
des autres Capitaineries Royales le sont; & parce que les
Officiers dont elle doit être composée, payent leur Capitation entre les mains de celui qui la reçoit pour la Maison du Roy. La Declaration que Sa Majesté a faite pour

K iij

attribuer aux Capitaines & aux Officiers de la Capitainerie de Livry toute jurifdiction pour le fait des Chaffes, n'eft que du dernier Octobre 1663. on y voit que cet avantage lui eft accordé *à l'exemple des Capitaineries de la Varenne du Louvre, du Parc & Bois de Boulogne, de Saint Germain en Laye, Verfailles, Fontainebleau & Chantilly*, qui joüiffoient de cette prérogative : Par la Declaration du 9 May 1656. la Capitainerie d'Halatte défignée fous le nom de Chantilly dans la Declaration du 9 May 1656. eft donc l'un des models dont Sa Majefté s'eft fervie pour regler celle de Livry, tout le plus grand avantage que celle-ci peut prétendre, c'eft d'avoir été rendu égale à l'autre ; cependant la Declaration du 10 Octobre 1700. qui fixe les limites de la Capitainerie de Livry, défend à tous Seigneurs, Gentilshommes, Hauts-Jufticiers & autres, de chaffer ni de faire chaffer dans fon étenduë. Or les mêmes défenfes avoient été faites pour la Capitainerie de Senlis, de Pontarmé & d'Halatte nommément par l'Edit du mois de Juillet 1607. & elles avoient été renouvellées par un grand nombre de Declarations pofterieures. La Capitainerie de Livry étant donc reçonuë pour Capitainerie de Maifon Royale, quoyqu'il n'y air point de Maifon appartenante à Sa Majefté propre pour y faire fon fejour, il s'enfuit que Monfieur le Duc d'Uzés & les autres Seigneurs fe trompent lourdement lorfqu'ils définiffent, comme ils font, les Capitaineries des Maifons Royales, celles qui font attachées à quelques Maifons Royales actuellement exiftentes.

TROISIE'ME RE'PONSE.

Monfieur le Duc d'Uzés & les autres Seigneurs, ne rencontrent pas mieux lorfqu'ils veulent réduire la Capitainerie d'Halatte à l'espece de celles de Corbeil & de Limours, & qu'ils s'efforcent de la ranger dans la même classe, sous pretexte que celles-ci se trouvent placées dans la Declaration du 12 Octobre 1699. immédiatement après la Capitainerie d'Halatte : si ce raisonnement étoit juste, il en faudroit conclure que la Capitainerie de Blois ne seroit pas du nombre des Capitaineries de Maisons Royales, d'autant qu'elle est nommée précisement avant celle d'Halatte dans la même Declaration ; mais ce qui découvre encore mieux combien cet argument est frivole, c'est que la même Declaration du 12 Octobre 1699. a pris soin de le prévenir & de le détruire par avance. Le Roy veut *que les Edits, Declarations, Ordonnances & Reglemens concernans les Capitaineries des Chasses de la Varenne du Louvre, Bois de Boulogne, Vincennes, Saint Gérmain, Fontainebleau, Monceau, Compiegne, Chambort, Blois, Halatte, Corbeil & Limours, soient executées selon leur forme & teneur en ce qui concerne chacune de ces Capitaineries ; Sa Majesté ajoûte, qu'Elle les confirme & leurs Officiers dans les pouvoirs, privileges & jurisdictions qu'elle leur a attribuez sans prétendre pour cela rien innover dans leur étenduë ny jurisdiction.* Ce n'est donc point par la place où ces Capitaineries se trouvent rangées dans la Declaration du 12 Octobre 1699. qu'il faut juger de leur nature & de leurs privileges, c'est par les Edits, Declarations, Ordonnances & Reglemens qui les concernent en particulier & que le Roy confirme chacune à leur égard. Or Monsieur le Duc a prouvé ci-dessus qu'avant la Declaration de 1699. la Capitainerie d'Halatte avoit tous les pouvoirs, privileges & jurisdictions des Capitaineries de Maisons Royales, que celles de Corbeil & de Limours n'ont point. Les Officiers de la Capitainerie de Limours ne reçoivent aucuns gages par les Tresoriers de la Venerie ; il est vray que les Officiers de la Capitainerie de Corbeil les y reçoivent, mais leurs états ne font point envoyez ny reçûs en la Cour des Aydes, ils ne joüiffent point des privileges des Officiers Commenfaux de la Maifon du Roy, à la difference des Offi-ciers de la Capitainerie d'Halatte, qui font égaux en tou-tes chofes aux Officiers de la Varenne du Louvre & à ceux des autres Capitaineries de Maifons Royales; la Declaration du 3 May 1694. qui fixe l'étenduë de la Jurifdiction de la Capitainerie de Corbeil contient deux reftrictions effentiel-les qui ne permettent pas qu'on puiffe jamais comparer la Capitainerie d'Halatte avec elle. Dans la premiere, Sa Ma-jefté ordonne *que les Officieurs de la Capitainerie de Corbeil joüiront feulement des privileges, gages, droits, fruits, pro-fits, revenus & émolumens dont joüiffent ou doivent joüir les Officiers des Chaffes des Maifons non Royales;* par la fecon-de, *le Roy permet à tous Seigneurs poffedans Fiefs de haute-juftice dans cette Capitainerie, de chaffer dans l'étenduë de leurs hautes-juftices, fans neanmoins qu'ils puiffent y envoyer chaffer aucuns de leurs domeftiques ou autres perfonnes de leur part.* Or une pareille permiffion n'a jamais eû de lieu pour la Capitainerie d'Halatte, tout au-contraire il a toûjours été défendu aux Seigneurs Hauts-Jufticiers & à toutes au-tres perfonnes d'y chaffer ny d'y faire chaffer; c'eft la dif-pofition formelle de l'Edit du mois de Juillet 1607. les Lettres de cachet de 1653. & de 1662. renouvellent les mê-mes défenfes auffi-bien que la Declaration du 9 May 1656. Sa Majefté a témoigné fur cela fa volonté d'une maniere encore plus nette & plus abfoluë dans fes Declarations du mois de Novembre 1674. du mois de Decembre de la mê-me année; & du 25 Mars 1675. les chofes étoient donc bien differentes par rapport à la Capitainerie d'Halatte, & par rapport à celle de Corbeil, lorfque la Declaration du 12

Octobre

Octobre 1699. eſt intervenuë ; la premiere de ces Capitaineries étoit fondée dans tous les droits des Capitaineries
de Maiſons Royales, en vertu de pluſieurs Edits & de pluſieurs Declarations, au lieu que la Capitainerie de Corbeil
ſe trouvoit réduite au rang des Capitaineries des Maiſons
non Royales par la Declaration faite à ſon ſujet le 6 May,
1694. Le Roy ayant donc voulu dans ſa Declaration du 12
Octobre 1699. que les Edits, Declarations, Ordonnances & Reglemens qui regardent les Capitaineries d'Halatte & de
Corbeil, fuſſent executées en ce qui concernoit chacune
d'elles en particulier ; il a décidé ſouverainement que la
Capitainerie d'Halatte devoit conſerver ſa nature de Capitainerie de Maiſon Royale, & qu'au-contraire la Capitainerie de Corbeil devoit demeurer dans l'état de Capitainerie de Maiſon non Royale ; de là vient auſſi que par une
clauſe ſuivante *elles ſont confirmées dans les privileges, pouvoirs & Juriſdictions qui leur ſont attribuez ſans y rien innover* ; le parallele que Monſieur le Duc d'Uzés & les autres
Seigneurs veulent faire de la Capitainerie d'Halatte avec
celles de Corbeil & de Limours, eſt donc une contravention aux Edits, Declarations & Ordonnances de Sa Majeſté,
& une déſobéïſſance à ſes Ordres.

Monſieur le Duc d'Uzés & les autres Seigneurs ſoûtiennent en ſecond lieu, que quand la Capitainerie d'Halatte ſeroit du nombre des Capitaineries de Maiſons Royales, l'étenduë n'en devroit pas moins être reglée par les limites, que les Ordonnances & les Déclarations de Sa Majeſté leur donnent ; que l'Ordonnance des Eaux & Forêts
du mois d'Aouſt 1669. au titre des Chaſſes, a pris ſoin de
borner les Capitaineries des Maiſons Royales, même par
les articles 14. 15. & 16. que le Roy y a diſtingué pour la
conſervation de ſes plaiſirs, deux ſortes de Chaſſes, auſquelles il a marqué deux ſortes de bornes ; qu'à l'égard

gard de la grande Chaſſe qui ſe fait dans les Forêts aux Bêtes rouſſes & noires à force de chiens, le Roy s'eſt contenté d'en fixer les limites à une lieuë prés de ſes plaiſirs ; mais
que pour conſerver la ſeconde eſpece de Chaſſe, c'eſt-à-dire,
la petite Chaſſe qui ſe fait au menu gibier dans les Plaines
& en tirant, la même Ordonnance de 1669. borne dans les
articles 16. & 17. du même titre des Chaſſes, la défenſe de
chaſſer à trois lieuës des plaiſirs ; qu'on ne peut douter que
les plaiſirs dont ces articles parlent, ne ſoient differens des
plaiſirs, à une lieuë prés deſquels l'article 15. permet de chaſſer ; qu'il y auroit une contradiction manifeſte à permettre
la Chaſſe à une lieuë prés des plaiſirs, & à la défendre dans
d'autres articles à trois lieuës prés, ſi les plaiſirs d'où ſe doit
meſurer la prohibition étoient les mêmes ; qu'il faut donc
convenir que cette prohibition de chaſſer pour la petite
Chaſſe au menu gibier dans les Plaines, ſe doit prendre
d'un autre terme ; que ce terme eſt le centre de la Capitainerie ou du Château d'où le Roy eſt réputé partir, quand il
va prendre le plaiſir de cette petite Chaſſe au menu gibier ;
au lieu qu'à l'égard de la conſervation de la grande Chaſſe,
la lieuë de reſerve doit ſe meſurer & ſe prendre à compter
des bords des Forêts deſtinées aux plaiſirs de Sa Majeſté.

RÉPONSE.

On peut ſe tromper quelquefois dans l'interpretation des
Ordonnances quand les diſpoſitions en ſont obſcures ou
ambigues. Mais celle du mois d'Aouſt 1669. eſt ſi claire &
ſi préciſe ſur le fait des Chaſſes, qu'il eſt impoſſible que
Monſieur le Duc d'Uzés & les autres Seigneurs ayent pû
s'y méprendre, à moins qu'ils ne l'ayent fait volontaire-
ment & de deſſein prémedité par un diſcours étudié, mais
qui n'a rien de ſolide.

Cette Ordonnance défend dans l'article 14. du titre des Chasses, bien distinctement la grande Chasse aux bêtes rousses & noires dans la distance de trois lieuës des plaisirs de Sa Majesté ; & quant à la petite Chasse qui se fait au menu gibier , la même Ordonnance en fait deux Classes differentes : elle permet dans l'article 15. de tirer à une lieuë des plaisirs sur toutes sortes d'oiseaux de passage & de gibier hors le Cerf & la Biche ; mais dans l'article 16. elle interdit la Chasse aux chiens couchans en tous Lieux , & l'usage de tirer en volant à trois lieuës prés des plaisirs. Le plan de Monsieur le Duc d'Uzés & des autres Seigneurs est donc visiblement mauvais , puisqu'il est contraire au texte précis de l'Ordonnance ; & pour mieux faire sentir leur erreur , il est necessaire de rappeller ici les dispositions des Ordonnances tant anciennes que nouvelles à ce sujet.

L'Edit du mois de Juin 1601. a renfermé dans trois articles tout ce qui regarde cette matiere.

Défendons , dit l'article 1er. *à toutes personnes de quelque qualité & condition qu'ils soient , de chasser dans nos Buissons , Foréts & Garennes à quelque sorte de bétes & gibier que ce soit , & hors icelles les Cerfs , Biches & Faons.*

L'article 4. ajoûte : *Permettons à tous Seigneurs , Gentilshommes & Nobles , de chasser , faire chasser noblement à force de chiens & oyseaux , par leurs Receveurs-Garenniers , & Serviteurs-domestiques , dans leurs Foréts , Buissons & Garennes , à toute sorte de gibier , même aux chevreüils & bétes noires , pourvû que ce ne soit qu'à trois lieuës de nos Foréts pour le regard desdits chevreüils & bétes noires seulement.*

L'article 5. porte : *Leur permettons aussi de pouvoir tirer & faire tirer de l'arquebuze par leursdits Receveurs-Garenniers & Serviteurs domestiques , dans l'étenduë de leursdits*

*Fiefs, & sur les Terres, Eaux & Marais qui en dépendent,
aux oyseaux de riviere, gruës, oyes sauvages, bisets, ramiers
& à tous autres gibiers de passage non défendus, ensemble de
faire tendre & prendre avec filets, panneaux, engins, que nos
Ordonnances permettent, les lapins, beccasses, pluviers & toute
autre pareille sorte de gibier, fors & excepté les lievres, levreaux & perdrix, que Nous défendons à toutes personnes de
prendre & tirer à coups d'arquebuze & d'harbaléte, ou chiens
couchans, ains seulement, comme dit est ci-dessus, à force de
chiens & oyseaux.*

Or il résulte de l'article 4. de cette Ordonnance, que la
grande Chasse aux bêtes noires & rousses y fut expresse-
ment défenduë dans l'enceinte de trois lieuës des Plaisirs
de Sa Majesté, à compter du bord des Forêts, & que par
l'article 5. la Chasse aux lievres, levreaux & perdix, fut
permise aux Seigneurs, Gentilshommes & Nobles, sur
leurs Terres à force de chiens & d'oyseaux, mais qu'elle
fut interdite en tous lieux & à toutes sortes de personnes en
tirant, soit avec chiens couchans ou autrement.

» L'Edit du mois de Juillet 1607. fait très-expresses inhibi-
» tions & défenses à tous Seigneurs, Gentilshommes, Hauts-
» Justiciers & autres, de quelque qualité & condition qu'ils
» soient, de chasser ny faire chasser aux bêtes fauves & noi-
» res, perdrix, lievres, faisans & autres gibiers défendus par
» les Ordonnances, dans les Bois & Forêts de Sa Majesté,
» avec chiens courans ou couchans, porter ou faire porter
» bricolle, pants-de-rets & pieces, ne tirer ou faire tirer de
» l'arquebuze en icelles, ny à une lieuë à la ronde desdites
» Forêts, Parcs, Bois, Buissons & Garennes : Cet Edit sem-
bloit donc avoir réduit les défenses, tant par rapport aux
grosses bêtes qu'au menu gibier, à une lieuë à la ronde des
Forêts, Parcs, Bois, Buissons & Garennes, à compter de leur
circonference & de leur extremité.

L'Ordonnance du mois d'Aouſt 1669. qui eſt ſurvenuë depuis, a pris une eſpece de milieu & de temperament, elle a renouvellé l'Edit du mois de Juin 1601. en pluſieurs choſes, & elle a laiſſé ſubſiſter celui du mois de Juillet 1607. en quelques autres.

Dans l'article 13. du titre des Chaſſes, *Sa Majeſté fait très-expreſſes inhibitions & défenſes à tous Seigneurs, Gentils-hommes, Hauts-Juſticiers & autres perſonnes de quelque qualité & condition qu'ils ſoient, de tirer ou chaſſer à bruit dans ſes Forêts, Buiſſons, Garennes & Plaines.*

L'article 16. du même titre porte : *Permettons neanmoins à tous Seigneurs, Gentils-hommes & Nobles, de chaſſer noblement à force de chiens & oyſeaux dans leurs Forêts, Buiſſons, Garennes & Plaines, pourvû qu'ils ſoient éloignez d'une lieuë de nos Plaiſirs, même aux chevreüils & bêtes noires, dans la diſtance de trois lieuës.*

L'article 15. ajoûte : *Leur permettons auſſi de tirer de l'arquebuze ſur toute ſorte d'oyſeaux de paſſage & de gibier, hors le cerf & la biche, à une lieuë de nos Plaiſirs, tant ſur leurs terres que ſur nos étangs, marais & rivieres.*

L'article 16. dit : *Interdiſons la Chaſſe aux chiens couchans en tous lieux & l'uſage de tirer en volant à trois lieuïs près de nos Plaiſirs, à peine de deux cent livres d'amende pour la premiere fois, du double pour la ſeconde, & du triple pour la troiſiéme, outre le baniſſement à perpetuité hors l'étenduë de la Maîtriſe.*

L'article 17. finit tout ce qui regarde cette matiere en ces termes : *La liberté de tirer en volant à trois lieuës de diſtance de nos Plaiſirs, ne ſera que pour les Seigneurs, Gentilshommes & Nobles, ou Seigneurs de Paroiſſes.*

Ces differens articles n'ont pas beſoin d'interpretation & ce ſeroit faire trop d'honneur au Commentaire que

Monsieur le Duc d'Uzés & les autres Seigneurs en ont voulu faire, que de perdre beaucoup de temps à le réfuter.

Premierement, Monsieur le Duc d'Uzés & les autres Seigneurs prétendent que cette Ordonnance borne la grande Chasse aux bêtes rousses & noires à une lieuë de distance des Plaisirs ; cependant l'article 16. étend les défenses à cet égard dans la distance de trois lieuës, la grande Chasse est même opposée dans cet article en quelque sorte à la petite Chasse ; lorsqu'elle se fait à force de chiens & d'oyseaux, puisque celle-ci est permise à une lieuë des Plaisirs, au-lieu qu'elle ne permet l'autre que dans la distance de trois lieuës ; & dans ce point la derniere partie de l'article 14. de l'Ordonnance de 1669. au titre des Chasses est entierement conforme à l'article 4. de l'Edit du mois de Juin 1601. Voilà donc la premiere partie du sistême de Monsieur le Duc d'Uzés & des autres Seigneurs, détruite, sans ressource, & renversée de fond en comble.

En second lieu, l'article 15. qui permet aux Seigneurs de tirer de l'arquebuze sur toutes sortes d'oyseaux de passage & de gibier à une lieuë des Plaisirs, en excepte encore le cerf & la biche : cette disposition rappelle donc pour la seconde fois la distinction que l'article 14. avoit déja mise entre la grande & la petite Chasse, & d'ailleurs la petite Chasse est elle-même distinguée & distribuée en differentes classes, l'une se fait à force de chiens & d'oyseaux, l'autre se fait en tirant ; la petite Chasse à force de chiens & d'Oyseaux est permise aux Seigneurs à une lieuë des Plaisirs par l'article 14. mais à l'égard de la petite Chasse qui se fait en tirant, elle est reglée par les articles quinze & seize.

Il est vray que l'article 15. permet aux Seigneurs de tirer

de l'arquebuze sur toutes sortes d'oyseaux de passage & de gibier; mais cette Permission qui paroît generale est restrainte par l'article 16. qui y fait deux exceptions; la premiere, en interdisant la Chasse aux chiens couchans en tous lieux; & la seconde, en défendant l'usage de tirer en volant à trois lieuës près des plaisirs : Or il n'y a point de Chasseur qui ne sçache que l'usage de tirer en volant regarde les faisans & les perdrix; l'Edit du mois de Juin 1601. avoit défendu dans l'article 5. à toutes sortes de personnes la Chasse aux chiens couchans, comme aussi de prendre & de tirer à coups d'arbalête & d'arquebuze les lievres, levraux & perdrix, en tous lieux. L'article 15. du titre des Chasses de l'Ordonnance de 1669. a réduit ces défenses à l'égard des lievres & des levraux à une lieuë près des Plaisirs; l'article 16. a laissé subsister dans la premiere partie les défenses de chasser aux chiens couchans dans toute leur étenduë; & à l'égard de l'usage de tirer en volant il se trouve réduit dans la seconde partie du même article à trois lieuës près des Plaisirs : Ces differentes dispositions de l'Ordonnance de 1669. qui regardent la petite Chasse se concilient donc parfaitement en distinguant ces differentes especes.

Cela présuposé, la contradiction que Monsieur le Duc d'Uzés & les autres Seigneurs croyent appercevoir entre l'article 15. & l'article 16. s'évanoüit, soit parce que le dernier de ces deux articles est une exception de l'article précedent, soit parce que l'usage de tirer en volant que l'article 16. interdit à trois lieuës près des Plaisirs, est une espece particuliere de Chasse qui n'a son rapport qu'aux faisans & perdrix. Il n'est donc pas besoin de donner la torture à son esprit pour pénetrer dans le sens & dans l'intelligence de cette prohibition; Monsieur le Duc d'Uzés & les autres

Seigneurs feignent que pour la pouvoir entendre il faut prendre la diſtance des trois lieuës marquées dans l'article 16. à compter du centre de la Capitainerie, au lieu qu'ils ſuppoſent que la diſtance de la lieuë portée dans l'article 14. & dans l'article 15. doit ſe meſurer de la circonference & de l'extremité des Plaiſirs; mais cette diſtinction eſt une veritable chimere, le terme préfiny par les articles 14. 15. & 16. eſt un terme commun, & dans tous les cas il doit ſe meſurer de la même maniere. Les Plaiſirs vont du centre à la circonference, & ils envelopent tout le terrain qui eſt entre deux, jamais le centre n'eſt pris pour le terme; car qui dit terme dit bornes & limites, qui doivent par conſequent ſe compter des bords & des extremitez; pour pouvoir aſſigner deux differens termes aux articles 15. & 16. du titre des Chaſſes de l'Ordonnance de 1669. il faudroit qu'ils ſe fuſ-fent expliquez differamment; il eſt vray qu'ils reſtraingnent quelquefois la prohibition de chaſſer à une lieuë près des Plaiſirs, & qu'ils l'étendent quelquefois à trois lieuës; mais c'eſt toûjours par rapport aux Plaiſirs de Sa Majeſté qui y ſervent de terme commun. L'article 14. qui permet la Chaſ-ſe aux groſſes bêtes dans la diſtance de trois lieuës ſeule-ment, ſe regle & ſe compte de la circonference des Plai-ſirs ſans aucune difficulté; par conſequent l'article 16. ne peut avoir un autre ſens ny recevoir une autre interpretation lorſqu'il interdit l'uſage de tirer en volant à trois lieuës près des Plaiſirs; ces défenſes que Monſieur le Duc d'Uzés & les autres Seigneurs regardent comme pleines de rigueur, ſont neanmoins un temperament apporté par la bonté du Roy à l'Edit du mois de Juin 1601. c'eſt une grace & une eſpece de relâchement de ſes droits qu'il a voulu faire en faveur de la nobleſſe, comme il s'en explique lui-même dans l'article 17. du même titre; il faut donc que Monſieur

le

se Duc d'Uzés & les autres Seigneurs demeurent icy d'acord malgré qu'ils en ayent, qu'ils ont mal entendu ou mal expliqué l'Ordonnance de 1669. & qu'ils en alterent le sens au lieu de l'interpreter. Ce n'est point par inadvertence & sans reflexion qu'elle défend l'usage de tirer en volant à trois lieuës prés des plaisirs, aprés avoir permis de tirer de l'Arquebuze à une lieuë des plaisirs sur toutes sortes d'oiseaux de passage & de gibier, c'est parce que l'usage de tirer en volant fait une grande destruction des faisans & des perdrix, que Sa Majesté a eu particulierement en vûë de conserver dans l'étenduë de ses plaisirs par une prohibition plus pleine & plus étenduë.

Monsieur le Duc d'Uzés & les autres Seigneurs disent en troisiéme lieu, que quand la Capitainerie d'Halatte seroit une Capitainerie de Maison Royale, il s'ensuivroit toûjours qu'elle devroit être bornée à une lieuë à la ronde des lizieres de la Forêt à l'égard de la grande Chasse à force de Chiens & d'oiseaux, & à trois lieuës à la ronde de la Maison Royale, ou du centre de la Capitainerie à l'égard de la Chasse au menu gibier, & qui se fait en tirant; qu'on s'efforce en vain de faire regler les limites de cette Capitainerie sur les énonciations inserées dans les provisions de la charge de Capitaine des Chasses, ou sur les actes de possession; qu'il est certain au contraire que pour fixer ses limites, il n'y auroit à faire que de deux choses l'une : La premiere de fixer le centre de cette Capitainerie pour assujettir tout ce qui se trouveroit dans le cercle qui seroit formé à trois lieuës à la ronde de ce centre : La deuxiéme, de tirer une ligne qui seroit portée à une lieuë à la ronde des lizieres de la Forêt, & de comprendre dans la Capitainerie tout ce qui se trouveroit au-dedans de cette ligne; que si l'on prétend sous quelque prétexte que ce soit donner des bornes plus étenduës à la Ca-

M

pitainerie d'Halatte, c'eſt vouloir la mettre au-deſſus des Capitaineries des Maiſons Royales, & lui donner plus de faveur & plus d'étenduë que Sa Majeſté même par ſes Ordonnances, n'en a voulu donner à ſes propres plaiſirs.

PREMIERE RE'PONSE.

Il eſt impoſſible de regarder la Capitainerie d'Halatte, comme n'ayant jamais été ni bornée ni limitée, puiſque ſon étenduë ſe trouve déterminée ſuffiſamment par la dénomination des lieux qui ſont marquez & déſignez dans la Déclaration du Roy du 23 Mars 1675. elle porte diſertement, *que Sa Majeſté a pourvû Monſieur le Prince de la Charge de Capitaine des Chaſſes des Foréts d'Halatte, haute & baſſe Pommeraye, les Ageux, Queuë Dory, Ermenonville, Chailly, la Victoire, Garenne de Cornon, Foréts, Bois & Buiſſons, Plaines & Varennes en dépendantes.* Ces mêmes énonciations ſont repriſes dans les Proviſions du ſieur Marquis de Saint-Simon, du 20 Septembre 1630. dans celles de Meſſieurs les Princes du dernier Novembre 1674. du 7 Janvier 1689. du 9 May 1709. & du 4 Mars 1710. on a fait voir que la Capitainerie d'Halatte étoit plus étenduë anciennement, & qu'elle occupoit beaucoup plus de terrain du temps des ſieurs Duclos, de Gévres & de Mazerat, qui furent Capitaines avant le ſieur Marquis de Saint-Simon: la fixation qui ſe trouve faite dans ces Proviſions, eſt donc bien moins une extenſion, comme le prétendent Monſieur le Duc d'Uzés & les autres Seigneurs, qu'une véritable réduction: la Loy établie par les cinq dernieres Proviſions, & par la Déclaration du 23 Mars 1675. a ſervi de regle à la poſſeſſion dans laquelle la Capitainerie d'Halatte s'eſt toûjours conſervée depuis, & cette poſſeſſion ſe trouve confirmée par une infinité d'actes,

& par un grand nombre d'Arrêts. Il semble donc que ce ne
soit pas ici le cas de la réduire & de la rettancher de nouveau, mais de la laisser subsister au contraire dans son dernier état, & sur le pied qu'elle se trouve avoir été fixée depuis
prés d'un siecle, par les Provisions successivement accordées
aux cinq derniers Capitaines, & par la Déclaration du 23
Mars 1678.

SECONDE RÉPONSE.

Quand l'étenduë de la Capitainerie d'Halatte ne se trouveroit pas reglée comme elle est par des titres incontestables, & par une possession qui y est conforme, Monsieur
le Duc d'Uzés & les autres Seigneurs ne trouveroient point
d'avantage à la faire borner, suivant les propres principes
qu'ils établissent eux-mêmes, parce qu'ils y demeureroient
toûjours également enclavez comme ils le sont, les efforts
qu'ils font pour s'en tirer, ne servent donc qu'à faire connoître
de plus en plus qu'ils ne peuvent jamais s'en affranchir, ils
ont beau se tourner de differens côtez, les deux plans qu'ils
se forment pour se mettre en liberté, ne peuvent produire
d'autre effet que de les retenir dans la sujettion où ils ont
été de tout temps.

En effet, l'un des deux plans dont Monsieur le Duc d'U-
zés & les autres Seigneurs conviennent, consiste à dire qu'il
faut tirer une ligne qui soit portée à une lieuë à la ronde des
lizieres des Forêts, & comprendre dans la Capitainerie tout
ce qui se trouvera au-dedans de cette ligne. Monsieur le Duc
demeure d'accord de la justesse de ce plan, & comme il est
fondé sur la disposition précise de l'Edit du mois de Juillet
1607. c'est la regle que les Officiers de la Capitainerie d'Halatte ont toûjours suivie, & leur possession y est entierement
conforme. Cet Edit qui comprend nommément la Capitai-

tainerie de Senlis, de Pontarmé, & d'Halatte, *défend à tous Seigneurs Gentilshommes, Hauts-Justiciers & autres, de quelque qualité & condition qu'ils soient, de chasser ni faire chasser aux bêtes fauves, noires, perdrix, liévres, faisans, & autres gibiers défendus par les Ordonnances dans les Bois & Forêts de Sa Majesté, ni à une lieuë à la ronde desdites Forêts, Parcs, Bois, Buissons & Garennes.* Or en joignant la disposition de cet Edit à celle de la Déclaration du 23 Mars 1675. rien n'est plus aisé que de former la lieuë de reserve, à compter de l'extremité des Forêts, Parcs, Bois, Buissons & Garennes, suivant que l'Edit du mois de Juillet 1607. l'a prescrit, puisque la Déclaration du 23 Mars 1675. comprend dans le corps de la Capitainerie, les Forêts d'Halatte & Pommeraye, les Ageux, Queuë Dory, Ermenonville, Chailly, la Victoire, Garenne de Cornon, Forêts, Bois Buissons, Plaines & Varennes. Il faut donc mesurer cette lieuë de reserve à compter de l'extremité, soit du Bois des Ageux, soit de la Garenne de Cornon, soit de la Forêt d'Ermenonville, soit des autres Bois, Buissons, Plaines & Garennes qui sont désignées dans la Déclaration du 23 Mars 1675. & dans les cinq dernieres Provisions accordées par Sa Majesté ; cette maniere de borner la Capitainerie d'Halatte, dont Monsieur le Duc d'Uzés & les autres Seigneurs demeurent d'accord, comme étant établie sur l'Edit du mois de Juillet 1607. & sur l'Ordonnance des Eaux & Forests du mois d'Aoust 1669. laisse donc toutes leurs terres dans l'étenduë de la Capitainerie sans aucune exception : c'est de quoy l'on peut se convaincre en jettant les yeux sur la carte levée de l'ordre de Sa Majesté par ses Arpenteurs en l'année 1712. Il est donc étonnant que Monsieur le Duc d'Uzés & les autres Seigneurs qui conviennent du principe, en tirent des consequences directement contraires à celles qu'ils en devroient tirer,

Il est vray que Monsieur le Duc d'Uzés & les autres Seigneurs proposent une autre maniere de borner la Capitainerie d'Halatte, c'est d'en fixer le centre pour assujettir tout ce qui se trouvera dans le cercle qui sera formé à trois lieuës à la ronde de ce centre.

Mais premierement, c'est un plan arbitraire que Monsieur le Duc d'Uzés & les autres Seigneurs se forment à leur gré, & qui n'a point son fondement, ni dans l'Edit du mois de Juillet 1607. ni dans l'Ordonnance du mois d'Aoust 1669. comme on l'a fait voir. Il est aisé en suivant les regles de la Geometrie, de décrire un cercle parfait du centre à la circonference au tour d'un point donné ; mais cela n'est gueres pratiquable en fait de Capitainerie ; la nature ayant disposé les Forêts, Bois & Buissons d'une maniere souvent irreguliere, à laquelle neanmoins on est obligé de s'assujettir par rapport aux plaisirs de Sa Majesté : ce systême est donc par luy-même sujet à de grands inconveniens ; & en le pratiquant, il pourroit arriver qu'on seroit réduit à couper en deux parties égales ou inegales certains Buissons, bien que plus propres pour y prendre le divertissement de la Chasse : quoiqu'il en soit, à prendre l'étenduë de la Capitainerie d'Halatte en gros, elle n'a pas plus de six lieuës de diametre, ou plus de trois lieuës autour du centre. Il est vray qu'elle s'alonge un peu plus en de certains endroits, mais aussi se retrecit-elle en d'autres ; si bien qu'en faisant les réductions convenables, elle se trouve renfermée dans des bornes pareilles, ou approchantes à celles qu'elle auroit en formant un cercle régulier à trois lieuës autour du centre, & en l'état où elle est, elle n'occupe pas plus de terrain ; quand le Roy a reglé les limites des Capitaineries des Chasses de Saint-Germain en Laye, de Fontainebleau, de Blois, & de Livry ; par ses Déclarations il n'a point cherché à les renfermer dans des cercles parfaitement arrondis : il s'eſt accommodé à la ſituation des lieux , à la diſpoſition du terrein, & à la plus grande convenance de ſes plaiſirs , parce que s'agiſſant d'un droit Royal , il en eſt abſolument le maître : on ne peut donc rien faire de mieux , que de laiſſer ſubſiſter la Capitainerie d'Halatte dans les bornes que ſes titres & ſa poſſeſſion lui donnent.

En ſecond lieu , Monſieur le Duc d'Uzés & les autres Seigneurs diſent bien qu'il faut fixer le centre de la Capitainerie d'Halatte ; mais ils ne ſont point d'accord entr'eux de l'endroit où ce centre doit être placé , c'eſt là la pomme de diſcorde qui les diviſe , & qui les met aux mains les uns contre les autres ; comme ils ſont enfin forcez de reconnoître que cette Capitainerie doit avoir au moins trois lieuës du centre à la circonference, ils ne ſongent plus qu'à ſe tirer d'affaire aux dépens les uns des autres ; ils font ce qu'on a coûtume de faire dans un naufrage ou dans un embraſement commun , où chacun ne travaille que pour ſoy ; les uns s'embaraſſent peu de ce que deviendront les autres , pourvû qu'ils ſe garantiſſent du danger qui les preſſe tous également : c'eſt pour cela que ceux-ci veulent établir le centre de la Capitainerie à Senlis, & ceux-là à Saint Chriſtophe en Halatte ou à Fleurenne ; les Seigneurs qui ont leurs Terres du côté de Paris, ſoûtiennent que le centre de cette Capitainerie doit être à Saint-Chriſtophe en Halatte ou à Fleurenne. Au contraire ceux qui ont leurs Terres du côté de la Picardie , prétendent que c'eſt à Senlis qu'il doit être établi : les premiers ſe fondent ſur des Lettres Patentes dattées au mois de May 1323. à Saint Chriſtophe en Halatte , & ſur une Déclaration fournie au papier terrier de Sa Majeſté, le 21 Décembre 1672. mais la conſiſtence de la Capitainerie d'Halatte étant formée d'ancienneté , il n'eſt plus queftion de fe débattre fur le centre qu'elle doit avoir; d'ailleurs quoique le Roy foit le maître de le fixer comme bon lui femble, il paroît plus naturel, en cas que Sa Majefté trouve à propos de le faire, de le laiffer à Senlis que de le tranfporter en quelqu'autre endroit que ce foit: la Ville de Senlis étant au milieu des Bois & des Forêts, elle eft par fa fituation le centre des plaifirs; fi le Roy Charles le Bel a donné des Lettres Patentes à Saint Chriftophe en Halatte, les Rois qui ont regné devant & aprés lui, ont fait à Senlis plufieurs Ordonnances; la Capitainerie dont il s'agit eft dénommée dans l'Edit du mois de Juillet 1607. *la Capitainerie de Senlis, de Pontarmé &) d'Halatte;* elle eft qualifiée dans l'état du 11 Novembre 1628. & dans plufieurs autres, *Capitainerie de l'étenduë du Baillage &) ancien reffort de Senlis:* Sa Majefté a jugé par trois Arrêts confecutifs que la Terre d'Ermenonville eft comprife dans la Capitainerie Royale d'Halatte; & c'eft pour effayer d'y donner atteinte indirectement, que le fieur Lombard & quelques autres s'efforcent de tranfporter ailleurs qu'à Senlis, le centre de cette Capitainerie; il faut donc s'en tenir à l'autorité des Arrêts, & laiffer les chofes en l'état qu'elles font d'ancienneté.

Monfieur le Duc d'Uzés & les autres Seigneurs difent en quatriéme lieu, que l'exemple de ce qui s'eft fait au fujet de Capitainerie de Laigle, femble les autorifer à concevoir de nouvelles efperances, qu'on fçait que cette Capitainerie appartient à Monfieur le Duc d'Orleans, que Sa Majefté s'eft neanmoins expliqué fur les limites de cette Capitainerie, qu'elle a déclaré précifément par fa Déclaration de l'année 1701. que fon intention étoit que cette Capitainerie fut entierement renfermée dans les lizieres de la Forêt de Laigle, fans pouvoir être étenduë plus loin; que la prévoyance de Sa Majefté alla même fur cela jufqu'à prévenir l'interpreta-

tion que les Officiers de cette Capitainerie auroient pû faire
de ſes intentions, en prétendant que conformément aux autres Déclarations du Roy, ils avoient toûjours le droit de
conſerver une lieuë de Pays au-delà des liziéres de la Forêt
pour le gaignage des bêtes fauves ; que les termes de cette
Déclaration ſont remarquables , qu'elle porte *ſans que ſous
prétexte de nos Ordonnances qui ſont défenſes de chaſſer à une
lieuë de la Forêt, les Officiers de nôtre Neveu, puiſſent étendre
au-delà de la Forêt leurs droits & Juriſdiction de Chaſſe* ; que
Monſieur le Duc & les Officiers de la Capitainerie d'Halatte n'auront donc pas lieu de ſe plaindre s'ils ſont traitez par
le Roy, comme Monſieur le Duc d'Orleans & ſes Officiers
l'ont été.

PREMIERE REPONSE.

Le parallele que l'on veut faire entre la Capitainerie d'Halatte & entre celle de Laigle, ne convient point, s'il s'agiſ-
ſoit des interêts particuliers de Monſieur le Duc , il feroit
gloire de ſuivre l'exemple que Monſieur le Duc d'Uzés &
les autres Seigneurs lui propoſent ; mais il a l'honneur de défendre ici les droits de Sa Majeſté , & rien ne peut entrer en
comparaiſon avec eux.

SECONDE REPONSE.

La Capitainerie d'Halatte eſt une Capitainerie de Maiſon Royale. La Déclaration du 12 Octobre 1699. la déclare
telle ſur le fondement d'une infinité de titres, la Capitainerie
de Laigle au contraire ne l'eſt point ; & pour en convaincre
Monſieur le Duc d'Uzés & les autres Seigneurs , il ne faut
que les renvoyer à la Déclaration du 27 Juillet 1701. dont
ils veulent ſe prévaloir, & qui fixe les limites des Capitaineries

neries des Chasses de l'appanage de Monsieur le Duc d'Orleans ; elles sont reglées dans l'article 3. de cette Déclaration sur le pied *des Capitaineries non Royales* : Le même article *permet aux Seigneurs Hauts Justiciers & aux Seigneurs
feodaux d'y chasser eux , leurs enfans & leurs amis dans l'é-
tenduë de leurs Hautes- Justices &) de leurs Fiefs.* L'article 6.
fixe les bornes *de la Capitainerie de Montargis à une demie
lieuë du pourtour de la Forêt du même nom.* L'article 7. re-
straint la Capitainerie de Laigle au corps de la Forêt, *sans
que sous prétexte des Ordonnances qui font défenses de chasser à
une lieuë des Foréts de Sa Majesté ; les Officiers de cette Capitainerie puissent étendre au-delà de ladite Forêt leurs Droits &
Jurisdiction de Chasse.* La même Déclaration ajoûte dans l'article 9. & dernier , *que les Capitaines & autres Officiers &)
Gardes qui seront preposez par Monsieur le Duc d'Orleans pour
la conservation de la Chasse dans les Capitaineries de son appanage , ne pourront joüir d'aucuns privileges sous prétexte de leurs
Charges ou de leurs emplois.* Quand donc la Loy se trouve
écrite aussi diserrement qu'elle l'est dans la Déclaration du
mois de Juillet 1701. les Commentaires & les raisonnemens
deviennent inutiles : la Capitainerie d'Halatte en qualité de
Capitainerie de Maison Royale , joüit de tous les privileges
& de tous les avantages des Commensaux de la Maison du
Roy ; il n'est permis à personne d'y chasser ni d'y faire chasser : cependant Monsieur le Duc d'Uzés & les autres Seigneurs prétendent la comparer à la Capitainerie de Laigle ,
& la réduire sur le même pied , quoiqu'elles different essentiellement par leur nature & par leurs prérogatives ; par consequent jamais comparaison ne fut moins juste, jamais exemple ne fut plus mal appliqué. Il est vray que les appanages
des fils de France sont une portion illustre du Domaine de
la Couronne ; mais tant qu'il est possedé par les Seigneurs

appanagés , il n'a pas par rapport aux plaifirs qui font chofes purement perfonnelles , la même Nobleffe & les mêmes
prééminences qui font attachées aux Capitaineries des Maifons Royales que le Roy s'eft refervées , & c'eft ce caractere
de difference que Sa Majefté a marqué & imprimé nette-
ment dans la Déclaration du 27 Juillet 1701. La Capitainerie
de Laigle joint à celle de Compiégne , elles ne font fépa-
rées que par la Riviere d'Aifne , il étoit donc abfolument
neceffaire de réduire celle-là au corps de la Forêt , parce
qu'il n'eût point été poffible de lui donner la lieuë de diftance , fans l'ôter à l'autre en plufieurs endroits : on laiffe donc
à juger à Monfieur le Duc d'Uzés & aux autres Seigneurs ,
fi dans cette concurrence il eût été raifonnable de préferer
une Capitainerie non-Royale à celle de Compiégne , que la
Déclaration du 12 Octobre 1699. comprend au rang des Capitaineries des Maifons Royales.

Monfieur le Duc d'Uzés & les autres Seigneurs difent en
dernier lieu que les Officiers de la Capitainerie d'Halatte ne
doivent point fe flatter que Sa Majefté veüille étendre cette Capitainerie , jufqu'à porter fes bornes du côté de la Riviere d'Oyfe , au delà de celles que la nature lui a prefcri-
tes par cette Riviere ; qu'en vain pour prévenir cette réfle-
xion , on a remarqué dans l'Inventaire de Monfieur le Duc
qu'en general les Rivieres ne font pas des bornes aux Capitaineries ; & qu'en particulier le Bois des Ageux , quoique
fitué au-delà de l'Oyfe , eft certainement compris dans la
Capitainerie d'Halatte , comme les provifions des Capitaines
le juftifient ; que quand on pourroit trouver quelque exemple par rapport à des Capitaineries de Maifons Royales , où
les Rivieres n'auroient pas paru devoir leur fervir de bornes
neceffaires , il ne s'enfuivroit pas qu'indéfiniment & à l'é-
gard de quelques Capitaineries que ce foit, elles ne ferviffent

point de limites , lorfque les Capitaineries ne touchent point
les plaifirs du Roy , & que les Rivieres font navigables ; qu'il
eft vray qu'il n'y a point d'autres bornes neceflaires pour les
Capitaineries des Maifons Royales que celles qu'il plaît à
Sa Majefté de leur prefcrire , mais que cela ne peut être tiré à confequence en faveur de la Capitainerie d'Halatte ,
qui certainement ne tient à aucune Maifon Royale , ni par
aucun endroit aux plaifirs du Roy , qu'à l'égard du Bois des
Ageux qui fe trouve au-delà de la Riviere d'Oyfe , tant que
les limites de la Capitainerie d'Halatte n'ont point été fixées,
il a pû être énoncé dans les Provifions de cette Capitainerie,
ainfi que l'ont été plufieurs autres Domaines appartenans à
differens Particuliers , que ce Bois ne fait point partie de la
Forêt d'Halatte , qu'au contraire il en eft feparé par la Riviere , & même par la Ville de Pons qui eft entre deux ; que
d'ailleurs il appartient au Roy par indivis avec les Religieux
de l'Abbaye de Saint Denis , qu'il ne s'enfuit point pour cela qu'il doive être de la Capitainerie d'Halatte ; qu'autrement dans cette multitude de Bois & de Domaines que le
Roy poffede en France , il arriveroit que par droit de voifinage de Bois en Bois & de Domaines en Domaines , les
Capitaineries quand elles feroient une fois établies , s'éten-
droient d'une extrêmité du Royaume à l'autre. La Dame
Hautmant Dame de Baron & quelques autres Seigneurs, a-
joûtent que feu Monfieur le Prince avoit fait faire une carte de la Capitainerie d'Halatte qui renferme l'étenduë de
cette Capitainerie dans des bornes bien plus étroites que celles qu'on lui veut donner aujourd'huy.

PREMIERE RE'PONSE.

Quoique les Rivieres navigables foient par elles-mêmes

des bornes naturelles , elles n'en servent pas toûjours pour séparer les Provinces , les Baillages & les autres Jurisdictions ; & en particulier le Baillage de Senlis s'étend également en-deçà & au-delà de la Riviere d'Oyse , comme il est prouvé par plusieurs articles de cette Coûtume , & nommément par les articles 126. & 127.

SECONDE REPONSE.

En fait de Capitainerie , la regle que Monsieur le Duc d'Uzés & les autres Seigneurs voudroient prescrire , n'a point d'application ; ils sont forcez d'avoüer eux-mêmes que les Capitaineries des Maisons Royales n'ont point d'autres bornes que celles qu'il plaît au Roy de leur donner : en effet, la Capitainerie de Saint-Germain en Laye s'étend des deux côtez de la Riviere de Seine , celle de Blois des deux côtez de la Riviere de Loire ,& la Capitainerie de Compiégne est en possession de comprendre dans ses limites le Pays d'en-deçà & d'en-delà de la Riviere d'Oyse ; comment pouvoir donc envier le même avantage à la Capitainerie d'Halatte,puisqu'elle est de même qualité que celle de Saint-Germain , de Blois & de Compiégne, & qu'elle est comme elles une Capitainerie *de Maison Royale* , ainsi qu'on l'a démontré.

TROISIEME REPONSE.

De six Châteaux que nos Rois ont bâti dans l'étenduë de la Capitainerie d'Halatte , il y en a quatre qui sont sur les bords de la Riviere d'Oyse ; sçavoir le Château de Laversine, celui de Creil, le Château de Verneüil, & celui de Fesquant, les Pons Sainte-Maixence ; il est donc impossible de concevoir qu'ils ayent borné l'étenduë de leurs plaisirs au seul Pays qui est en-deçà de cette Riviere ; de-là vient aussi que la Capitainerie d'Halatte étoit anciennement dénommée la Capitainerie du Baillage & ancien reſſort de Senlis ; & que dans les Proviſions du ſieur de Mazerat du 28 Fevrier 1621. données en explication de celle du 13 Decembre 1608. il eſt établi *Capitaine des Chaſſes des Forêts de Carnel, Plaines, Rivieres & Buiſſons circonvoiſins, & des Bois des Ageux.* Or dés que les Proviſions comprennent les Bois des Ageux & les Rivieres circonvoiſines, elles enveloppent neceſſairement la Riviere d'Oyſe, parce que le Bois des Ageux eſt au-de-là de l'Oyſe.

QUATRIE'ME RE'PONSE.

Le Bois des Ageux n'eſt pas ſeulement compris dans les Proviſions des cinq derniers Capitaines, il l'eſt encore dans celles du ſieur de Mazerat, du 28 Fevrier 1621. & dans la Déclaration du Roy du 23 Mars 1675. Il eſt vray que ce Bois appartient au Roy, & à l'Abbaye de Saint-Denis par indivis ; mais cette circonſtance ne ſert de rien, ſoit parce que l'Abbaye de Saint-Denis eſt de fondation Royale, ſoit parce que l'Edit du mois de Juillet 1607. fait défenſes de chaſſer ni faire chaſſer à une lieuë à la ronde des Forêts, Parcs, Bois, Buiſſons & Garennes, ſpecialement dans la Capitainerie de Senlis, Pontarmé & Halatte, *avec tout ce qui dépend des Forêts, Bois, Buiſſons & Garennes.* Quand donc Monſieur le Duc d'Uzés & les autres Seigneurs alleguent que le Bois des Ageux n'eſt point une dépendance naturelle de la Capitainerie, ſous prétexte qu'il eſt ſeparé du corps de la Forêt d'Halatte, ce n'eſt pas raiſonner juſte, parce que cette Capitainerie n'eſt pas réduite au ſeul corps de la Forêt, & tout au contraire elle enveloppe dans ſon étenduë les Bois, Buiſſons, Plaines & Varennes qui en dépendent : elle comprend donc

necessairement le Bois des Ageux , soit parce qu'il est individuellement dénommé dans les Provisions anciennes & nouvelles , & dans la Déclaration du 23 Mars 1675. soit parce
qu'il est virtuellement compris dans la Capitainerie de Senlis , Pontarmé & Halatte , par l'Edit du mois de Juillet 1607.
sous le nom de Bois & Buissons qui en dépendent. Quand
on parle d'un Buisson , on entend un bouquet de bois planté au milieu de la Campagne séparé de toute part , & entierement détaché du corps des Forêts. Cette définition suffit donc pour déterminer en quel sens la mention faite des
Buissons dans l'Edit du mois de Juillet 1607. & dans les autres Ordonnances , doit être prise ; & l'on ne doit point craindre que cela puisse conduire de Bois en Bois jusqu'à l'extremité du Royaume , comme Monsieur le Duc d'Uzés & les
autres Seigneurs veulent le faire accroire , parce que l'Edit
du mois de Juillet 1607. qui donne la lieuë de distance , ne
la donne qu'à la mesurer de l'extremité des Forêts , Parcs ,
Bois , Buissons , Garennes & Plaines qui sont enfermées dans
l'enceinte des plaisirs & des Capitaineries Royales ; c'est donc
vouloir à la faveur d'une mauvaise équivoque , tirer d'une
Loy raisonnable & judicieuse , une consequence absurde &
ridicule.

DERNIERE REPONSE.

La carte que la Dame de Baron produit , & que quelques autres Seigneurs employent , n'est point la carte de
la Capitainerie d'Halatte , il ne faut qu'en lire l'intitulé pour
s'en convaincre ; elle a pour titre *plan de la Forêt d'Halatte, où
sont les nouvelles routes faites par ordre de Sa Majesté avec les environs de Senlis.* Il est vray qu'elle est dédiée à feu Monsieur
le Prince ; mais elle n'a jamais été faite par son ordre , &
qui plus est , elle ne vaut rien , le sieur Lombard a déja vou-

lui s'en faire un moyen pour tirer sa Terre d'Ermenonville hors des limites de la Capitainerie dans la Requeste qui se trouve inserée en l'Arrêt du Conseil d'Etat du 12 Mars 1708. mais Sa Majesté n'y a point eu d'égard ; cette piece n'aura donc pas un plus heureux succés en paroissant une seconde fois sur la scene : c'est un plan particulier de la Forêt d'Halatte pour en marquer les routes, Sa Majesté vient d'ordonner par un dernier Arrêt de l'année 1714. d'y en faire encore de nouvelles, suivant un nouveau plan qui a été levé exprés à cette occasion, & qui est demeuré annexé à la minute de l'Arrêt du Conseil, ni l'un ni l'autre de ces plans n'ont donc aucun rapport à la Capitainerie d'Halatte.

Monsieur le Duc a prouvé que la Capitainerie d'Halatte est Capitainerie de *Maison Royale*, qu'elle est reservée comme telle par la Déclaration du 12 Octobre 1699. qu'elle en a tous les privileges & tous les avantages, qu'elle est suffisamment reglée & déterminée par la Déclaration du 23 Mars 1675. par les cinq dernieres Provisions consecutivement accordées aux Capitaines depuis prés d'un siecle ; & par les differens Arrêts du Conseil d'Etat donnez en consequence, que les Ordonnances anciennes & nouvelles ne permettent pas de lui donner des bornes plus étroites, & de la resserrer dans un moindre espace de terrain que celui qu'elle occupe aujourd'huy, & dont elle est en possession depuis un temps immemorial. Il est donc presque inutile aprés ces observations, de répondre aux Objections que Monsieur le Duc d'Uzés & les autres Seigneurs font chacun en leur particulier, parce qu'il n'y a pas de raison quelle qu'elle soit qui puisse prévaloir à des regles si certaines, & à des principes si bien établis.

Pour répondre aux Objections particulieres que font les Seigneurs enclavez dans la Capitainerie d'Halatte, on suivra le même ordre qu'ils ont tenu dans leurs memoires, & on le fera le plus sommairement qu'il sera possible ; parce qu'aprés avoir détruit , comme on a fait leurs Objections generales, le reste ne mérite presqu'aucune attention.

RE'PONSE AUX OBJECTIONS PARTICULIERES.

Le Mémoire commence par Monsieur le Duc d'Uzés Seigneur de Pont Sainte-Maixence & des Ageux ; mais Monsieur le Duc d'Uzés ne peut jamais se souftraire à la Capitainerie, soit parce que la partie de Pont Sainte-Maixence qui est en-deçà de la Riviere d'Oyse, est enclavée dans la Forêt d'Halatte, soit parce que l'autre partie qui est au-delà, est un Domaine engagé, soit parce que le Bois des Ageux est dénommé dans la Déclaration du Roy du 23 Mars 1675. dans les Provisions du sieur de Mazerat du 28 Fevrier 1621. dans celles du sieur Marquis de Saint-Simon & de Messieurs les Princes, soit parce que la totalité des Terres que Monsieur le Duc d'Uzés y possede, est comprise dans la lieuë de distance, à compter de l'extremité des Forêts, soit enfin parce que les Officiers de la Capitainerie d'Halatte y ont exercé dans tous les temps la Jurisdiction des Chasses, comme il résulte d'un grand nombre d'actes de possession que Monsieur le Duc a produits.

Monsieur le Duc d'Uzés possede les Terres de Pont Sainte-Maixence & des Ageux, comme legataire de la Dame Marquise de Saint-Simon sa tante : Peut-il donc avoir plus de droit qu'en avoit le feu sieur Marquis de Saint-Simon qui succeda au sieur de Mazerat dans la Charge de Capitaine des Chasses de la Capitainerie d'Halatte, & dont les Provisions qui sont du 20 Septembre 1630. comprennent disertement les Ageux, & toutes les autres énonciations que Monsieur le Duc d'Uzés conteste aujourd'huy de concert avec tous les autres Seigneurs : cette circonstance particuliere doit donc achever de lui fermer la bouche, puisqu'en qualité de successeur du sieur Marquis de Saint-Simon, il est tenu de ses faits & promesses ; outre les Seigneuries de Pont

Sainte-Maixence & des Ageux, le sieur Marquis de Saint-
Simon possedoit dans l'étenduë de la Capitainerie d'Halatte les Terres de Laversinne & de Saint-Maximin, Duplessis,
de Malgennet & Dyvillé, il auroit donc eu plus d'interest
que personne à ne la pas reconnoître ; cependant quoiqu'il
ait été en place pendant 44 ans depuis 1630. jusqu'en 1674.
il a soûtenu les droits de la Capitainerie contre lui-même
avec autant de soin & de vigilance que contre tous les autres : c'est de lui que Monsieur le Prince Louis en a tenu les
principaux titres, il les lui a remis avec ses propres Provisions lorsqu'il fut pourvû sur sa démission. Il convient donc
moins à Monsieur le Duc d'Uzés qu'à personne de se déclarer l'ennemi d'une Capitainerie que son oncle a tenue si
long-temps, & de l'accuser d'avoir été l'auteur & la première
cause des entreprises & des usurpations que l'on suppose y
avoir été faites. Peut-il tomber dans l'esprit qu'il l'eût voulu
accroître contre ses interêts, & au préjudice de la liberté de
ses propres Terres.

Monsieur le Duc d'Uzés dit en premier lieu, que rien n'est
plus leger & moins concluant que les actes de possession que
l'on produit contre lui, qu'ils sont à 10. 15. & à 20. années
de distance les uns des autres, qu'ils sont faits contre des
Particuliers à son insçû, qu'il rapporte de sa part des actes
de possession contraires ; qu'enfin si la possession s'acqueroit
par de semblables voyes contre les droits naturels d'un Seigneur Haut Justicier, il n'y en a point qui osât se promettre
de les conserver.

PREMIERE REPONSE.

Quoique les plus anciens actes de possession ayent été sous-
traits & enlevez du Greffe de la Capitainerie aprés la mort

de Raimbaut Greffier, comme on l'a déja remarqué ; Ce qui en reste contre M. le Duc d'Uzés, est plus que suffisant ; Monsieur le Duc a fait voir qu'il y a toûjours eu des Gardes & des Inspecteurs à Pont Sainte-Maixence ; & aux Ageux pour la conservation des Chasses ; il a produit sept differens Cahiers de Procedures concernans les Ageux , & quatre autres Cahiers qui regardent la Terre de Pont Sainte-Maixence ; il y a des rapports faits en 1676. en 1678. & dans les années suivantes , cela remonte donc jusqu'au temps que Monsieur le Prince Louis a commencé d'être Capitaine par la démission du sieur Marquis de Saint-Simon , puisque les provisions de Monsieur le Prince Louis ne sont que du dernier Novembre 1674. l'acte le plus ancien de possession que Monsieur le Duc d'Uzés rapporte de sa part , n'est que du 31 Juillet 1706. il est donc posterieur de 30 années , & fait dans un temps où l'esprit de révolte commençoit à remüer les humeurs ; il ne faut donc que comparer le nombre & la datte des actes qui sont produits de part & d'autre, pour juger de quel côté la possession a toûjours été : la plus ancienne Procedure faite par les Officiers de Monsieur le Duc d'Uzés , est une Requeste du 5 Octobre 1706. qui contient une plainte contre certains quidans qui avoient entrepris de chasser & de tendre des filets à prendre des perdrix sur la Terre & Seigneurie de Pont Sainte-Maixence, environ le 18 Septembre précedent ; mais le nommé Ponsardin Garde de la Capitainerie , avoit fait dés ce jour-là son rapport contr'eux ; il y eût en consequence une information faite contre Denis le Blond Marchand demeurant à Pont , & contre Jacques le Févre Coquetier : ils subirent leurs interrogatoires le 20 du même mois ; les Officiers de la Capitainerie d'Halatte , informez de la plainte que le Procureur Fiscal de la Justice de Pont avoit faite le 5 Octobre 1706. rendirent

O ij

le lendemain leur Sentence, par laquelle il eſt enjoint au Greffier de Pont d'apporter les charges & informations : ce Jugement lui fut ſignifié le 9 du même mois, il y a obéï ; & par Sentence definitive de la Capitainerie d'Halatte, le Blond & le Févre ont été condamnez en 60 livres d'amende, qu'ils ont payée. Monſieur le Duc ajoûtera cette Procedure à ſon Inventaire ; & elle prouve invinciblement que Monſieur le Duc d'Uzés & ſes Officiers ont reconnu les Droits de la Capitainerie, & ſa Juriſdiction ſur la Seigneurie de Pont Sainte-Maixence.

SECONDE RÉPONSE.

La Juriſdiction des Capitaineries n'eſt établie que pour punir les délinquans en fait de Chaſſe ; il ne faut donc pas croire que l'exercice en puiſſe être frequent, ſur tout par rapport à une même Paroiſſe : le ſoin qu'on y apporte, & les Gardes qui ſont répandus de diſtance en diſtance dans l'étenduë de la Capitainerie, empêchent que les délits n'y ſoient communs, à peine ſe trouve-t-il occaſion d'inſtruire un Procés criminel dans le cours de pluſieurs années : ſi donc il ſe trouve des interſtices entre les Procedures faites, tant pour Pont Sainte-Maixence que pour les Ageux, ce n'eſt point une preuve que la poſſeſſion en ſoit ni diſcontinuée ni clandeſtine ; rien n'eſt plus public & ne fait tant d'éclat à la Campagne, qu'un decret & une inſtruction criminelle ; les Officiers que Monſieur le Duc d'Uzés a ſur les lieux, ne l'ont point ſans doute ignoré, leur ſilence dans un fait qui dépoüilloit leur Juriſdiction, eſt donc une reconnoiſſance des Droits de la Capitainerie privativement à eux, & à leur excluſion, tant de la part de Monſieur le Duc d'Uzés, que de la leur.

Monſieur le Duc d'Uzés dit en ſecond lieu, que loin que ſa Terre de Pont Sainte-Maixence ſe trouve enclavée dans la Forêt d'Halatte; la plus conſiderable partie en eſt ſeparée par la Riviere d'Oyſe qui eſt une Riviere navigable; que la petite partie qui en reſte en-deçà de la Riviere, eſt diſtinguée de la Forêt par des foſſez & par des bornes qui ne peuvent jamais permettre de la confondre.

PREMIERE REPONSE.

Quelque plaiſir que cette objection faſſe à Monſieur le Duc d'Uzés, par le ſoin qu'il prend de la repeter en une infinité d'endroits; on a fait voir que rien ne ſçauroit être plus foible, ſoit parce qu'en general les Rivieres navigables ne ſervent point de bornes en fait de Capitaineries, ſoit parce qu'en particulier les Maiſons Royales de Feſcamps, de Verneüil, de Creil & de Laverſine, ont été bâties ſur les bords de la riviere d'Oyſe, ſoit enfin parce que Pont-Sainte-Maixence eſt entre le corps de la Forêt & entre le Bois des Ageux, qui eſt à une demie lieuë au-delà de la riviere d'Oyſe & qui fait une des dénomminations de la Capitainerie telles qu'elles ſont déſignées dans les Proviſions anciennes & nouvelles, & dans la Declaration de Sa Majeſté, du 23 Mars 1675.

SECONDE REPONSE.

La Terre de Pont-Sainte-Maixence eſt diviſée en deux parties; la partie qui eſt en-delà de la riviere d'Oyſe eſt un Domaine engagé; la partie qui eſt en-deçà de la même riviere eſt un Fief mouvant de Chantilly & elle eſt enclavée dans le corps de la Forêt d'Halatte; c'eſt ce qu'il eſt aiſé de reconnoître par l'infpection dù plan & par les propres aveux que Monfieur le Duc d'Uzés rapporte. Le dénombrement du 30 Avril 1622. dit : *qu'il appartient au Seigneur de Pont-Sainte-Maixence la quantité de deux cent arpens ou environ de Bois, Garennes, Terres & Vignes, tenantes à la Forêt d'Halatte;* il eft vray que celui du 18 Juillet 1705. ajoûte, *que ces Bois font bornez & feparez de la Forêt par des Foffez;* Mais cette féparation a fon fondement dans l'article 5. du titre de la Police & confervation des Forêts, Eaux & Rivieres, qui veut *que les Officiers des Maîtrifes faifant leur vifite, faffent mention dans leur Procès verbaux de l'état des bornes & foffez entre Sa Majefté & les Riverains.* L'article 7. du titre des Arpenteurs de la même Ordonnance, leur enjoint auffi *de vifiter une fois chaque année tous les foffez, bornes & arbres de lizieres, féparant & fermant les Foréts & les Bois, dans lefquels Sa Majefté a interêt.* Ces foffez n'ont donc point d'autre objet que d'empêcher les entreprifes, & ils n'ont aucun rapport à l'étenduë des Capitaineries; puifque l'article 14. du titre des Chaffes de la même Ordonnance, défend aux Seigneurs Hauts-Jufticiers de chaffer dans leurs Forêts, Buiffons, Garennes & Plaines, à moins qu'ils ne foient éloignez d'une lieuë des Plaifirs. Qu'importe donc à Monfieur le Duc d'Uzés que les Bois qu'il a joignant à la Forêt d'Halatte en foient féparez par des foffez; cette féparation ne peut être bonne que pour diftinguer & pour borner les Domaines & les Territoires les uns contre les autres; mais non pas pour les tirer hors des limites de la Capitainerie, que de femblables foffez ne concernent point & qui fe regle par fes loix particulieres.

Monfieur le Duc d'Uzés dit en troifiéme lieu, que feu Monfieur le Prince ne lui pouvoit contefter le droit de

Chasse, puisqu'il avoit reçû le 18 Juillet 1705. le dénombrement qu'il lui avoit rendu de sa Terre de Pont-Sainte-
Maixence, qu'on trouve dans cet aveu que Monsieur le Duc
d'Uzés porte entr'autres droits, celui de Garenne, que chacun sçait que ce droit est incompatible avec une Capitainerie, que ce dernier dénombrement est conforme à deux
autres qui auoient été rendus par les predecesseurs de Monsieur le Duc d'Uzés, l'un à M^ic Anne Baron de Montmorancy, le 21 Novembre 1531. l'autre à Monsieur le Duc
de Montmorancy, le dernier Avril 1622.

PREMIERE REPONSE.

Ce raisonnement ne roule que sur une méchante équivoque & sur un défaut d'attention ; les Seigneurs de Chantilly,
comme Seigneurs Suzerains d'une partie de la terre du Pont-
Sainte-Maixence, peuvent avoir reçû les dénombremens
de leurs Vassaux qui y ont employé le droit de Chasse ; mais
cette énonciation qui ne feroit pas même de préjudice à
des tiers, peut-elle faire perdre au Roy un droit de sa Couronne tel qu'est le droit des Capitaineries Royales ? Le
droit de Haute-Justice donne ordinairement le droit de Chasse ; un Seigneur Suzerain ne seroit donc pas bien fondé de
le contester à son Vassal dans l'aveu qu'il lui présente ; mais
ce droit demeure inutile & sans effet dans l'étenduë des Plaisirs, parce qu'il cede à un droit superieur & plus éminent.
Les Seigneurs de Montmorancy n'étoient point Capitaines
de la Forêt d'Halatte lorsqu'ils reçurent les aveus de la Terre
de Pont-Sainte-Maixence, le 21 Novembre 1531. & le dernier Avril 1622. il est vray que Monsieur le Prince Loüis
l'est devenu le dernier Novembre 1674. & que Monsieur
le Prince Henry-Jules son fils a reçû un dernier aveu de la

Terre de Pont-Sainte-Maixence, le 18 Juillet 1705. mais outre qu'étant conforme au précedent il ne pouvoit se dispenser de le recevoir, N'y avoit-il pas deux qualitez à distinguer dans sa personne? Il laissoit à ses Officiers le soin de verifier les aveus de ses Vassaux; mais en qualité de Capitaine des Chasses, il veilloit par lui-même à la conservation des plaisirs de Sa Majesté, comme les Actes de possession qui sont rapportez le justifient. Il a donc allié parfaitement ces deux differens droits avec les differens devoirs, & ce qu'il a dû faire en qualité de Seigneur Suzerain ne donne point d'atteinte à ce qu'il a fait comme Capitaine. Il n'étoit pas à son pouvoir de diminuer les droits du Roy, aussi n'a-t'il jamais souffert qu'ils ayent reçû d'atteinte entre ses mains; il ne faut donc pas confondre ce qu'il étoit obligé de faire comme Seigneur de Fief, avec ce qu'il étoit tenu d'empêcher, comme ayant la garde & la conservation des Plaisirs de Sa Majesté dans sa Capitainerie d'Halatte; la Seigneurie d'Ermenonville releve en plein Fief du Comté de Dampmartin appartenant à la Maison de Condé. Le Sieur Lombard & la Dame son épouse, ont opposé dans l'instance jugée par l'Arrêt du Conseil d'Etat du 12 Mars 1708. que les Seigneurs de Montmorancy, & après eux Messieurs les Princes avoient reçû les aveus de cette Terre, sans y blâmer le droit de Chasse; mais Sa Majesté n'y a point eû d'égard, d'autant plûtôt qu'il est notoire à tout le monde que les aveus contiennent presque toûjours la clause, *sans préjudice des droits d'autruy*, & que lors même que l'on ne l'exprime point, elle y est toûjours sous-entenduë. Combien y a-t-il de Seigneurs particuliers qui s'attribuent dans leurs dénombremens les droits d'aubaine & de bâtardise dans l'étenduë de leurs Terres; cependant ces sortes d'énonciations ne sont d'aucune conse-

quence

quence par rapport aux interêts du Roy, parce que ces
fortes de droits font du nombre des droits régaliens? La même chofe doit donc avoir lieu par rapport au droit de Chaffe
dans l'étenduë des Capitaineries Royales, puifqu'on a fait
voir ci-deffus que c'eft un droit de la Couronne que nos
Rois s'y font refervé dans toutes les Ordonnances anciennes & nouvelles, avec prohibition à tous Seigneurs, Gentilshommes, Hauts-Jufticiers & autres d'y contrevenir.

SECONDE RÉPONSE.

On diftingue d'ordinaire les Garennes en deux efpeces;
fçavoir, les Garennes ouvertes & les Garennes fermées.

Les Garennes ouvertes font abfolument défenduës par
les Ordonnances; celle du Roy Jean & de Charles Dau-
phin, des années 1355. & 1356. *enjoignent de les démolir.*
L'article 34. de la Coûtume d'Anjou, *défend tous accroiffe-
mens de Garennes*, & l'article 210. de la Coûtume de Meaux,
voifine de celle de Senlis, dit *qu'aucun ne peut tenir Garenne
jurée, fuppofé qu'il ait haute juftice en fa Terre, s'il ne l'a
par permiffion du Roy.*

A l'égard des Garennes fermées de murs, les Seigneurs
en peuvent faire dans l'étenduë de leurs Fiefs, pourvû neanmoins que ce foit hors des limites des Capitaineries Royales. L'article 14. du titre des Chaffes de l'Ordonnance de
1669. que l'on a déja cité, *permet aux Seigneurs de chaffer dans
leurs Forêts, Buiffons, Garennes & Plaines, pourvû qu'ils
foient éloignez d'une lieuë des Plaifirs,* & l'article 24. du même titre ajoûte : *Faifons défenfes à toutes perfonnes de faire à
l'avenir aucun Parc & Clôture d'heritages en maçonnerie dans
l'étenduë des Plaines de nos Maifons Royales fans notre permiffion expreffe.* Monfieur le Duc d'Uzés ne peut donc s'at-

P

tribuer, comme il fait, un droit de Garenne, les anciens aveus de sa Terre des années 1349, 1393, 1402, 1416, & 1531. plaçoient *cette Garenne dans une isle tenante au Château;* les dénombremens posterieurs la placent *sur la montagne de Calippais,* mais il n'y a aucun vestige ny apparence de Garenne sur cette montagne qui n'est aucunement fermée de murs; Monsieur le Duc d'Uzés ne pourroit la faire enclore au préjudice de l'article 24. du titre des Chasses de l'Ordonnance de 1669. qui le lui défend en termes exprès. Les Bois, Terres & Vignes de la montagne de Calippais, sont enclavez dans la Forêt d'Halatte, & n'en sont séparez que par de simples fossez, comme Monsieur le Duc d'Uzés le reconnoît lui-même; il avoüe d'ailleurs que le droit de Garenne est incompatible avec une Capitainerie, il devoit donc se condamner lui-même en tirant la consequence qui suit naturellement de son propre principe.

Monsieur le Duc d'Uzés dit en quatriéme lieu, que sa possession s'établit par trois Baux; l'un du 20 Juin 1615. le second du 24 Avril 1662. & le dernier du 14 May 1711. que par tous ces Baux la faculté de chasser y est donnée, & le droit de Garenne y est affermé.

PREMIERE REPONSE.

Le droit de chasser ne peut être affermé ny compris dans un Bail, c'est une Jurisprudence certaine établie par les Arrêts.

SECONDE REPONSE.

Quoique les Auteurs de Monsieur le Duc d'Uzés ayent affermé la Chasse, il ne s'ensuit pas qu'ils en eussent le droit; on vient de prouver au contraire qu'étant enclavez dans la

Capitainerie, ce droit ne leur appartenoit pas pour leur propre personne, à combien donc plus forte raison ne pouvoient-ils l'accorder à leurs Fermiers. Le sieur Marquis de Saint Simon qui fit le Bail du 24 Avril 1662. étoit Capitaine des Chasses de la Forêt d'Halatte; il a donc pû permettre à son Receveur de tirer des lapins sans que cela fasse aucune consequence, parce que c'étoit un droit de sa charge.

Monsieur le Duc d'Uzés dit en dernier lieu, que d'avoir prouvé, comme il a fait, que les Officiers de la Capitainerie d'Halatte ne peuvent rien prétendre dans la Terre de Pont-Sainte-Maixence, c'est avoir démontré qu'ils sont encore bien moins fondez sur la Terre des Ageux, puisque ce lieu est plus éloigné de la Forêt d'Halatte, qu'aussi voit-on que dans le temps que Monsieur le Cardinal de Mazarin étoit Seigneur pour moitié du Bois des Ageux en qualité d'Abbé de Saint Denis, il obtint le 2 Mars 1658. une Commission pour faire informer par ses Juges contre quelques particuliers Chasseurs.

PREMIERE REPONSE.

Le Bois des Ageux est l'un des lieux qui sont individuellement dénommez, comme faisant partie de la Capitainerie d'Halatte, dans la Declaration du Roy, du 23 Mars 1675. dans les Provisions du sieur de Mazerat, du 28 Fevrier 1621. & dans le Jugement de Reception de la Table de Marbre, du 30 May 1622. dans les Provisions du sieur Marquis de Saint Simon, du 20 Septembre 1630. & dans celles de Messieurs les Princes, du dernier Novembre 1674. du 7 Janvier 1687. du 9 May 1709. & du 4 Mars 1710. le Bois des Ageux qui est un Buisson appartenant à Sa Majesté par indivis, est donc aussi essentiellement membre de la Capitainerie que l'eft le corps de la Forêt d'Halatte.

DEUXIEME REPONSE.

Rien n'eft plus aifé que de retorquer l'argument de Monfieur le Duc d'Uzés contre lui-même; car après avoir démontré, comme on vient de faire, que le Bois des Ageux eft une des dépendances de la Capitainerie, quoiqu'il foit plus éloigné de la Forêt d'Halatte que Pont-Sainte-Maixence, il s'enfuit par une confequence tirée du propre principe de Monfieur le Duc d'Uzés, que Pont-Sainte-Maixence en eft auffi, puifqu'il avoüe que ce lieu eft plus proche du centre; Pont-Sainte-Maixence eft donc enfermé dans la circonference fans aucune difficulté.

TROISIEME ET DERNIERE REPONSE.

Monfieur le Duc d'Uzés ne rapporte qu'une copie collationnée de la Commiffion obtenuë par Monfieur le Cardinal de Mazarin, le 2 Mars 1658. mais quand il la repréfenteroit en forme authentique elle n'en vaudroit pas mieux, foit parce qu'il ne paroît pas que cette Commiffion ait eû de fuites, foit parce que le Bois des Ageux appartenant à Sa Majefté par indivis avec l'Abbé de Saint Denis; celui-ci n'avoit pas droit de faire informer pour fait de Chaffe par fes Officiers particuliers, foit enfin parce que les Officiers de la Capitainerie fe font toûjours maintenus dans leurs droits & dans la poffeffion où ils font de connoître feuls de ces fortes de matieres, à l'exclufion de tous autres Juges dans l'étenduë de leur Jurifdiction, en general & en particulier, à l'égard des Ageux, comme il eft juftifié par les differentes procedures qui font produites. Pont-Sainte-Mai-

xencè & la Terre des Ageux font des Domaines engagez,
ils font placez entre le corps de la Forêt d'Halatte & le Bois
des Ageux; cette fituation ne permet donc pas que Monfieur le Duc d'Uzés puiffe fe fouftraire à la Capitainerie qui
compofe effentiellement un corps continu.

Après Monfieur le Duc d'Uzés, le fieur Marquis de Ver- *Le fieur Mar-*
deronne fe préfente dans l'ordre du Memoire pour fes Ter- *quis de Verde-*
res de Frefne & d'Hardancourt; mais au-lieu de groffir le *ronne.* *Frefne & Ar-*
nombre des Seigneurs qui fe plaignent à tort, il devroit *dancourt.*
fe loüer de la moderation que l'on a marquée pour lui, &
que Sa Majefté regardera peut-être comme une trop grande indulgence à la vûë de la Carte que fes Arpenteurs
ont levée.

En effet, Monfieur le Duc n'a pas befoin de pofer d'autres principes que ceux que le fieur Marquis de Verderonne
& les autres Seigneurs établiffent eux-mêmes : ils difent,
page dix de leur Memoire, que pour fixer les limites de la
Capitainerie, il n'y a que deux chofes à faire, l'une de fixer le centre de cette Capitainerie pour affujettir tout ce
qui fe trouvera dans le cercle qui fera formé à trois lieuës
à la ronde de ce centre; l'autre de tirer une autre ligne qui
fera portée à une lieuë à la ronde des lizieres de la Forêt,
& de comprendre dans la Capitainerie tout ce qui fe trouvera au-dedans de cette ligne; mais quoiqu'il ne paroiffe
pas jufte que le fieur Marquis de Verderonne faffe icy la
loy; on veut bien neanmoins qu'il choififfe des deux par-
tis qu'il propofe, celui qui lui conviendra le mieux.

En fuivant le premier plan, le Sr Marquis de Verderonne
demeure d'accord, qu'il faut affujettir tout ce qui fe trouvera dans le cercle qui fera formé à trois lieuës à la ronde
du centre : Or fuppofé que Sa Majefté veüille fixer un
centre à la Capitainerie, il ne peut être placé qu'à Senlis,

ou à Saint Chriſtophe en Halatte, & dans l'un & dans l'autre cas le ſieur Marquis de Verderonne n'y trouvera point ſon compte & n'y gagnera pas. En plaçant le centre à Senlis, les trois lieuës à la ronde de ce centre n'envelopperont pas ſeulement ſes Terres de Freſne & d'Hardancourt pour le tout, mais elles s'étendront encore juſqu'à ſon Château de Verderonne; ſi au-contraire le même centre eſt placé à Saint Chriſtophe en Halatte, les trois lieuës de tour dont le ſieur Marquis de Verderonne convient pour limites, ne ſe borneront plus à ſon Château de Verderonne, mais elles iront encore une lieuë plus loin, & par ce moyen tout ſon Marquiſat ſe trouvera compris dans la Capitainerie.

Mais ſi le ſieur Marquis de Verderonne s'accommode mieux de ſon ſecond ſiſtême, & qu'il veuille tirer une ligne qui ſoit portée à une lieuë à la ronde des lizieres des Forêts, Bois & Buiſſons, comme il eſt preſcrit par l'Edit du mois de Juillet 1607. & par les articles 14. & 15. du titre des Chaſſes de l'Ordonnance de 1669. ſa condition n'en deviendra guerre plus avantageuſe; parce qu'en prenant cette lieuë de diſtance, à compter des lizieres de la Forêt d'Halatte & des extremitez du Bois des Ageux, les Terres de Freſne & d'Hardancourt demeureront compriſes pour le tout dans les limites de la Capitainerie, au-lieu qu'on y a ſeulement enfermé une partie de chacunes; ainſi dès que la Capitainerie a pour elle à cet égard le droit, la dipoſition des Ordonnances, & le propre aveu du ſieur Marquis de Verderonne, il n'eſt pas beſoin de rapporter ny des procedures, ny de contredire celles dont le ſieur Marquis de Verderonne tâche de ſe prévaloir.

Le Marquiſat de Verderonne eſt compoſé des Paroiſſes de Verderonne, de Freſne, d'Hardancourt & de quelques autres, la Capitainerie n'enveloppe qu'une partie des Pa-

énonciation qui reſtraint à ce bouquet la Capitainerie, en exclut la Seigneurie & la Plaine d'Ory.

PREMIERE RE'PONSE.

La Dame Marquiſe de Cottentin ne ſçauroit refuſer de prendre l'Edit du mois de Juillet 1607. pour lui ſervir de regle & pour faire ſa loy, puiſqu'il eſt confirmé par l'article 1er du titre des Chaſſes de l'Ordonnance de 1669. Il n'y a donc qu'à voir ce que cet Edit décide pour s'y conformer : or il contient deux diſpoſitions qui ſont ſans replique ; dans la premiere, *Sa Majeſté fait de trés-expreſſes inhibitions & défenſes à tous Seigneurs, Gentilshommes, Hauts Juſticiers & autres, de chaſſer ny faire chaſſer en ſes Bois & Foréts, ny à une lieuë à la ronde deſdites Foréts, Parcs, Bois, Buiſſons & Garennes ;* dans la deuxiéme il eſt dit : *Que ces défenſes ſont faites ſpeciallement pour les Foréts de Senlis, Pontarmé & d'Halatte, avec tout ce qui dépend deſdites Foréts, Bois, Buiſſons & Garennes.* La Dame Marquiſe de Cottentin trouve donc ſa condamnation écrite dans cet Edit, puiſque ſes Terres d'Ory & de la Chapelle, ne ſont point éloignées d'une demie lieuë de l'extremité de la Forêt de Pontarmé ; ces deux Terres ſont donc enfermées dans la lieuë à la ronde de la Forêt de Pontarmé, que l'Edit du mois de Juillet 1607. reſerve pour les Plaiſirs & comprend dans les défenſes.

SECONDE RE'PONSE.

C'eſt en ſuivant la regle établie par l'Edit du mois de Juillet 1607. que les Proviſions du ſieur Marquis de Saint-Simon du 20 Septembre 1630. & celles de Meſſieurs les Prin-

ces

ces comprennent non-feulement les Forêts d'Halatte, Pontarmé, Pommeraye, les Ageux, Queuë d'Ory, Ermenonville, Chailly, la Victoire, Garenne de Cornon, mais encore les Forêts, Bois, Buiffons, Plaines & Varennes en dépendantes: les dénominations de ces lieux particuliers n'ont donc pas été mifes dans les Provifions dans la vûë de reftraindre la Capitanerie à ces feuls endroits ; mais pour les défigner comme en étant les principaux membres, & c'eft pour cela que les mêmes Provifions ajoûtent ces termes immediatement aprés, *Forêts, Bois, Buiffons, Plaines & Varennes en dépendantes*, ce qui ne peut jamais s'entendre & fe referer qu'aux dépendances marquées par l'Edit du mois de Juillet 1607. qui formoit alors le dernier état de la Capitainerie d'Halatte, laquelle s'eft toûjours confervée fur le même pied depuis ce temps-là jufqu'à prefent.

TROISIÉME REPONSE.

La Queuë d'Ory n'eft point un bouquet de bois détaché, on lui a donné ce nom, parce que fa figure eft en forme de Queuë; il fe trouve planté tout au milieu des Terres d'Ory & de la Chapelle. Il eft donc indifferent que la dénomination particuliere qui fe trouve exprimée dans les Provifions, tombe fur la Queuë d'Ory, foit parce que la diftance de la lieuë accordée par les Ordonnances, enveloppe tout ce qui l'avoifine, foit parce que l'énonciatiation des Forêts, Bois, Buiffons, Plaines & Varennes ajoûtée dans les Provifions, doit produire fon effet, & qu'elle n'en fçauroit avoir d'autre que celui qui réfulte de l'Edit de 1607. & de l'Ordonnance de 1669.

Monſieur le Prince Louis a fait planter dans les Plaines d'Ory des remiſes qui ſubſiſtent encore aujourd'huy : ces remiſes ſont des preuves de poſſeſſion en faveur de la Capitainerie qui ſont expoſées aux yeux de tout le monde, ce ſont autant de témoins qui dépoſent contre la prétention de la Dame Marquiſe de Cottentin. Le ſieur Preſident de Briou qui poſſedoit alors les Terres d'Ory & de la Chapelle, eût empêché ſans doute l'établiſſement de ces remiſes, s'il avoit eu droit de le faire ; la Dame Marquiſe de Cottentin connoît-elle donc mieux ſes interêts qu'il ne les connoiſſoit lui-même : il y a toûjours eu des Gardes de la Capitainerie à la réſidence d'Ory & de la Chapelle ; & ſi Monſieur le Duc n'a produit que des Procedures faites en 1704. & en 1709. c'eſt qu'il a crû que la Dame Marquiſe de Cottentin ne diſconviendroit point d'un fait qui eſt de ſa connoiſſance particuliere, & de celle de tout le public ; mais puiſqu'elle feint de l'ignorer, l'on joindra pluſieurs autres actes de poſſeſſion des années 1681. 1682. 1684. 1685. 1686. 1688. & 1689. qui conſiſtent dans des Rapports, dans des Informations, dans des Decrets, dans des Interrogatoires, dans des Jugemens de condamnation, & dans des receptions de Gardes ; jamais droit n'a donc été plus certain, ni poſſeſſion mieux établie.

Le ſieur Gouverne Prieur du Grand Freſnoy, prétend que ſi la Capitainerie d'Halatte eſt reglée ſuivant les Ordonnances, il ſe trouvera hors de ſes limites ; & il ajoûte que le Conſeil a préjugé cette queſtion en ſa faveur par un Arrêt contradictoire du 24 Mars 1710.

Mais en premier lieu, une partie de la Terre du Grand Freſnoy ſe trouve dans la lieuë de reſerve reglée par l'Edit de 1607. & par l'Ordonnance de 1669. à la prendre comme il est des regles de l'extremité du Bois des Ageux, & de celui du Poirier.

En second lieu, non-seulement le Buisson du Poirier dépend en partie du Prieuré du Grand Fresnoy ; mais les Plaines mêmes de cette Terre qui dépendent de la Capitainerie, sont plus voisines de ce Buisson, que ne l'est le Village de Sassy le Petit : cependant toute la Terre de Sassy le Petit a été jugée par Arrêt contradictoire du Conseil du 30 Mars 1686. faire partie de la Capitainerie d'Halatte ; il est donc impossible que les Plaines du Grand Fresnoy qui sont entre le Village du même nom & les Bois des Ageux, & du Poirier, n'y soient pas comprises, puisque la même regle de décision faite pour l'un, convient essentiellement à l'autre.

En troisiéme lieu, Monsieur le Duc rapporte dans son Inventaire de Production jusqu'à 5. differentes Sentences renduës dans la Capitainerie en differens temps contre des Particuliers qui avoient chassé sur la Terre du Grand Fresnoy, laquelle est d'ailleurs un Domaine d'Eglise.

En quatriéme & dernier lieu, comme la Capitainerie ne renferme dans ses limites qu'une partie de la Seigneurie du Grand Fresnoy, & que l'autre partie demeure libre au Prieur & à ses Officiers, l'Arrêt du Conseil du 24 Mars 1710. qui renvoye à la Table de Marbre une contestation mûë sur un fait de Chasse arrivé dans cette Terre, peut avoir été fondé sur cette distinction. Quoiqu'il en soit, cet Arrêt de renvoy ne sçauroit détruire l'Ordonnance qui donne la lieuë de reserve aux Capitaineries Royales, depuis les lizieres des Forêts, Bois & Buissons.

Le sieur Abbé de Lionne, qui défend pour son Abbaye de Chailly, & pour les Terres de Montaby & de Leusy qui en dépendent, est forcé de reconnoître à la vûë du grand

Q ij

nombre d'actes & de Procedures rapportées par Monſieur le Duc, que les Officiers de la Capitainerie d'Halatte y ont exercé continuellement leur Juriſdiction ; mais il ſoûtient que ce ſont des entrepriſes d'autant plus faciles à faire, que les Terres des Eccleſiaſtiques ſont beaucoup plus mal gardées que les autres.

PREMIERE RE'PONSE.

Les Juriſdictions des Capitaineries Royales étant fondées ſur les Edits, Declarations & Ordonnances, les Procedures qui s'y font, & les Jugemens qui s'y rendent, ſont des effets d'une autorité légitime qu'il n'eſt point permis de traiter d'entrepriſes, & s'il ſuffiſoit pour les faire rejetter, de leur donner le nom d'uſurpation, il ne faudroit qu'un peu de hardiſſe & de temerité pour ébranler les fondemens des choſes les plus ſolidement établies.

SECONDE RE'PONSE.

L'Abbaye de Chailly eſt une Abbaye de Fondation Royale, c'eſt un des lieux dénommez dans les Proviſions du ſieur Marquis de Saint Simon, & dans celles de Meſſieurs les Princes ; les Bois & Bruyeres de cette Abbaye joignent aux Bois & Bruyeres de la Victoire, de Mont-Levêque, de Ver & d'Ermenonville, & ne compoſent tous enſemble qu'un même corps de Forêts. Il eſt jugé par trois Arrêts du Conſeil d'Etat du Roy, que la Seigneurie d'Ermenonville & ſes dépendances, font partie de la Capitainerie d'Halatte ; par conſequent, ces Arrêts décident neceſſairement la queſtion pour l'Abbaye de Chailly, non-ſeulement parce que c'eſt un titre donné dans les Proviſions, mais auſſi parçe que l'Abbaye de Chailly est entre Ermenonville, & entre le centre de la Capitainerie en quelqu'endroit qu'on le place.

La Terre de Fontaine les Cornu, appartenant au sieur Davesne, n'est distante que d'une lieuë & demie de la Ville de Senlis, & de deux lieuës ou environ de la Forêt d'Halatte ; elle est entre cette Forêt & l'Abbaye de Chailly qui fait partie de la Capitainerie, comme on vient de le prouver. C'est donc une prétention témeraire que d'en vouloir distraire la Terre de Fontaine les Cornu, & entre les titres de possession que Monsieur le Duc rapporte à cet égard, il y a une information faite contre les domestiques du Seigneur de Fontaine les Cornu en 1689. pour avoir chassé, un Rapport & un Interrogatoire fait en 1696. contre le Garde des Bois de la même Seigneurie, & une Procedure faite au mois d'Avril 1705. pour faire reboucher plusieurs trous qui paroissoient avoir été faits à dessein dans les murs du Clos de Fontaine les Cornu : le sieur Davesne a donc mauvaise grace de vouloir faire passer ces actes pour des entreprises secrettes, clandestines, & qui ne sont point venuës à la connoissance de ses prédécesseurs, puisque c'est contr'eux, contre leurs domestiques, & contre leurs Gardes de Bois que l'on a procedé particulierement en la Capitainerie, sans qu'ils ayent jamais osé s'en plaindre, ni reclamer contre.

Le sieur Davesne, Fontaine lez Cornu.

La Dame Marquise de Flavacourt dit pour ses Terres de Bazicourt, Flavacourt, le Plessis-Longaut & Saron, qu'à l'égard de Bazicourt & de Flavacourt, il ne paroît par aucune piece que les Officiers de la Capitainerie d'Halatte ayent jamais entrepris d'y faire aucun acte de Jurisdiction ; qu'il est vray que ses Terres sont voisines du Bois des Ageux, mais que le Bois des Ageux n'est point de la Capitainerie ; qu'à l'égard de la Terre du Plessis-Longaut, Monsieur le Duc rapporte une permission d'y chasser, accordée pour un

La Dame Marquise de Flavacourt, Bazicourt, le Plessis-Longaut & Saron.

an au ſieur Marquis de Flavacourt le 25 Aouſt 1685. mais que le Regiſtre d'où l'on a tiré cette permiſſion, ne prouve rien, parce que ce n'eſt qu'une énonciation qui n'eſt point de ſon fait; qu'au reſte s'il s'eſt fait quelque Procedure en la Capitainerie pour fait de Chaſſe, tant ſur la Terre du Pleſſis-Longaut, que ſur celle de Saron, c'eſt une Procedure hazardée & qui n'a point eu de ſuite.

PREMIERE RE'PONSE.

Flavacourt, Bazicourt, le Pleſſis-Longaut & Saron ne compoſent qu'un même corps de Seigneurie: les actes de Juriſdiction que les Officiers de la Capitainerie d'Halatte y ont exercez, ſont donc communs & s'étendent à tout. Ces Terres ſont dans la lieuë de reſerve, à compter des bords de la Forêt d'Halatte & du Château de Moncel; rien ne peut donc les tirer des limites de la Capitainerie.

SECONDE RE'PONSE.

C'eſt attaquer ouvertement le fond de la Capitainerie, que d'oſer nier que le Bois des Ageux en faſſe partie, puiſque ce Bois eſt dénommé ſpecifiquement dans les Proviſions du ſieur de Mazerat du 28 Fevrier 1621. dans celles du ſieur Marquis de Saint-Simon du 20 Septembre 1630. & dans toutes les autres qui ont été délivrées depuis ce temps là juſqu'à preſent. Il ſuffit donc que la Dame Marquiſe de Flavacourt convienne que toutes ſes Terres ſont proche du Bois des Ageux, pour conclure qu'elles ſont dans la lieuë de reſerve accordée par les Ordonnances.

TROISIE'ME RE'PONSE.

Feu Monfieur le Prince Louis a fait enregiftrer dans le Regiftre qu'il faifoit tenir, des affaires concernant la Capitainerie, une permiffion qu'il accorda le 25 Aouft 1685. *au St Marquis de Flavacourt, de chaßer pendant un an dans ſa Terre du Pleſſis-Longaut, comme étant une dépendance de la Capitainerie d'Halatte.* Ce Regiftre eft produit : comment la Dame de Flavacourt peut-elle donc révoquer en doute la foy & l'autorité de cette permiffion ? vouloir rendre cet acte fufpect, c'eft s'infcrire en faux contre le Jugement de Monfieur le Prince, c'eft s'élever contre une grace qu'on a reçûë de lui, c'eft enfin reprocher le témoignage du monde le plus irreprochable ; & dés que la permiffion dont il s'agit eft certaine, les armes doivent tomber des mains à la Dame Marquife de Flavacourt, & il ne lui doit pas être permis d'attaquer les droits de la Capitainerie contre le fait de fa famille qui s'y eft reconnu fujette.

La Dame de la Boiffiere croit pouvoir établir l'exemption de fa Terre de Brenoüille fur des moyens communs, & fur des moyens particuliers. Ses moyens communs confiftent en ce que la Terre de Brenoüille eft au-delà de la Riviere d'Oyfe, & elle regarde comme des entreprifes tous les actes de poffeffion que les Officiers de la Capitainerie d'Halatte ont en leur faveur : elle tire fes moyens particuliers de deux titres ; fçavoir d'un contrat d'engagement du 3 Sept. 1613. & d'une vente du 24 Nov. fuivant ; & elle en concluë que la Terre de Brenoüille étant un ancien Domaine de la Couronne, elle n'a pû en aucun temps etre privée du droit de Chaffe, qui eft un droit des plus certains & des plus naturels des Hauts-Jufticiers ; que quand le Roy ôte de pareils droits aux Terres de quelques Seigneurs particuliers, ce n'eſt jamais au préjudice de ſes propres Domaines qu'il fait de pareilles Loix ; qu'enfin les Seigneurs de Brenoüille ont toûjours joüi paiſiblement du droit de Chaſſe dans leur Terre, qu'ils n'ont jamais ceſſé d'y avoir un Garde portant leur bandoüillere, qu'ils ont été obligez de financer en 1710. pour acquerir la Grurie, ce qui leur deviendroit inutile, ſi le droit de connoître de la Chaſſe ne leur appartenoit pas.

PREMIERE RE'PONSE.

Les moyens communs ont été détruits en répondant aux Objections des autres Seigneurs, c'eſt ce qui fait que l'on n'en repetera rien ; on obſervera ſeulement que du côté de l'Orient, la Terre de Brenoüille n'eſt ſeparée de la Forêt d'Halatte que par la Riviere d'Oyſe ; & qu'entre l'Occident & le Nord, cette même Terre avec ce qui en dépend dans Cinqueux & Monceaux touche aux Bois des Ageux.

SECONDE RE'PONSE.

Les Domaines de la Couronne ſont particulierement deſtinez pour les plaiſirs de nos Rois ; quand donc outre cette deſtination naturelle, ils ſont enclavez comme ici dans quelques Capitaineries Royales, la prohibition de chaſſer s'y trouve établie à double titre : bien loin donc que la Dame de la Boiſſiere puiſſe tirer avantage du contrat d'engagement du 13 Septembre 1613. Il en réſulte une nouvelle circonſtance qui décide contr'elle ; cet engagement de la Terre de Brenoüille fait par la Reine Marguerite en qualité de Comteſſe de Senlis, n'eſt pas ſeulement de beauceup poſterieur à l'établiſſement de la Capitainerie d'Halatte. Il
eſt

est encore fait depuis l'Edit du mois de Juillet 1607. qui comprend Senlis, Pontarmé & Halatte, au nombre des Capitaineries de Maisons Royales, & qui leur donne la lieuë de reserve. Cet Edit n'a donc point reçû d'atteinte par le contrat d'engagement du 13 Septembre 1613. fait par la Reine Marguerite; dans les bonnes regles les Engagistes n'ont pas droit de chasser dans les Domaines qui leur sont engagez, à moins que ce droit ne leur soit accordé specifiquement dans leurs contrats, parce que c'est un droit honorable, & non pas un droit utile de la Terre ; à combien donc plus forte raison cela doit-il avoir lieu, lorsqu'un semblable Domaine avant son engagement, étoit membre d'une Capitainerie Royale, parce qu'elle n'a point de rapport avec l'engagement, & qu'elle subsiste indépendamment de lui ? si le Roy peut ôter aux Seigneurs particuliers le droit de chasser sur leurs propres Terres, comme la Dame de la Boissiere en convient; A combien plus forte raison conserve-t-il en faveur d'une Capitainerie Royale établie, le même pouvoir sur une Terre de son Domaine qui vient à sortir de ses mains dans la suite à titre de simple engagement ? un Seigneur particulier demeure assujetti pour ses propres Domaines au droit des Capitaineries. Ce n'est donc pas raisonner consequemment de vouloir en affranchir les Engagistes, dont le titre conserve toûjours l'impression de Domaine, & qui n'ont que la joüissance des fruits, sans pouvoir toucher ni rien prétendre à la proprieté.

TROISIE'ME ET DERNIERE RE'PONSE.

La Dame de la Boissiere peut avoir un Garde à Brenoüille pour la conservation de ses Bois, c'est ce que personne ne lui conteste ; & si elle y a acquis l'Office de Juge

R

Gruyer, comme les autres Seigneurs ont fait dans leurs Juſtices, elle ne ſçauroit ſe faire de cette acquiſition, un titre pour détruire les droits de la Capitainerie. Ce raiſonnement eſt des plus mauvais, tous les Seigneurs du Royaume ont acquis les Offices de Gruyer dans leurs Terres, auſſi bien ceux qui ſont dans l'étenduë des Capitaineries Royales, que ceux qui n'y ſont pas; ſi donc à la faveur de cette Finance, ils s'étoient univerſellement aſſuré le droit de chaſſer & de connoître de la Chaſſe, toutes les Capitaineries Royales auroient été ſapées par-là juſques dans les fondemens, contre l'intention de Sa Majeſté, contre les diſpoſitions de l'Edit qui crée les Offices de Juge Gruyer, & contre le ſens qu'on lui a toûjours donné : la prétention de la Dame de la Boiſſiere eſt donc ſi déraiſonnable, qu'il ſuffit de la propoſer pour en faire ſentir le ridicule.

Le ſieur d'Ardivilliers. Fief de l'Eveſché. Le Fief de l'Evêché qui appartient au ſieur d'Ardivilliers, n'eſt point une Terre comme il le ſuppoſe; c'eſt un petit Fief compoſé d'une Maiſon & d'une Ferme au milieu de la Campagne, en-deçà de la Riviere d'Oyſe, ſitué à un quart de lieuë de la Forêt d'Halatte, entre cette Forêt & le Bois du Poirier; ſa ſituation le met donc neceſſairement dans les limites de la Capitainerie; auſſi le ſieur d'Ardivilliers n'eſperet-il pas de s'en tirer, & cela paroît aſſez par la maniere dont il tâche de s'en défendre.

La Dame Guinet. Nogent les Vierges. Dame Angelique-Catherine Guinet dit que la datte des Procedures faites par les Officiers de la Capitainerie d'Halatte dans ſa Terre de Nogent les-Vierges, prouve combien leur entrepriſe eſt nouvelle; qu'à ſon égard ſon droit eſt fondé ſur un grand nombre d'aveux conſecutifs reçûs en la Chambre des Comptes; qu'elle eſt en poſſeſſion d'exercer la Juſtice ſur le fait des Chaſſes, que cela ſe prouve par des défenſes faites d'autorité de ſon Juge, à toutes perſonnes de chaſſer dans l'étenduë de ſa Terre, le 24 Avril 1701. le 2 Aouſt 1705. le premier May 1706. le 7 Aouſt 1707. le 22 Avril 1708. & le 10 Aouſt 1712. qu'elle rapporte auſſi des Proviſions qu'elle a données à ſon Garde-Chaſſe dés l'année 1704. qu'enfin Nogent-les-Vierges peut être d'autant moins enclavé dans la Capitainerie, qu'il eſt à plus d'une lieuë & demie des bornes de la Forêt d'Halatte, & ſéparé de cette Forêt par la Riviere d'Oyſe.

PREMIERE RE'PONSE.

La Terre de Nogent les-Vierges eſt à un quart de lieuë du Parc de Creil, & à une pareille diſtance de celui de Verneüil ; & elle ſe trouveroit encore enfermée dans la lieuë de reſerve, quand on la prendroit à compter des bornes du Bois de la Pommeraye, qui eſt un des lieux dénommez dans les Proviſions tant anciennes que nouvelles, & dans la Déclaration du 23 Mars 1675. cette Terre eſt entre le Château de Creil & la Seigneurie de Laigneville ; que l'Arrêt du Conſeil du 24 Septembre 1687. a jugé faire partie de la Capitainerie : c'eſt donc faire des efforts inutiles que de vouloir en ôter la Terre de Nogent-les-Vierges.

SECONDE RE'PONSE.

On a déja remarqué que les titres du Greffe de la Capitainerie d'Halatte furent ſouſtraits & divertis aprés le decés de Raimbaut Greffier, mort en l'année mil 704. Le 12. aouſt. & c'eſt ce qui fait que Monſieur le Duc n'a pû ramaſſer que la moindre partie des actes de poſſeſſion qu'il devroit avoir. Cependant, ceux qu'il produit ſont bien plus anciens que ceux que la Dame de Nogent rapporte ; le rapport fait le

31 Janvier 1696. par François d'Anvers Garde de la Capitainerie, assisté de Pierre Caboche, prouve qu'il y a eu de tout temps un Garde de la Capitainerie établi à Nogent-les-Vierges. La plus ancienne piece au contraire que la Dame de Nogent communique, n'est que du 24 Avril 1701. ce sont des défenses faites aux Païsans de relever leurs fossez, de reboucher leurs hayes, & les troux de leurs heritages. Il est vray que dans quelques-unes des défenses qui suivent, on ajoûte que les Particuliers ne pourroient laisser chasser ni vaguer leurs chiens, mais ce sont des entreprises faites dans les derniers temps, lorsque les Seigneurs se sont liguez pour secoüer le joug, & pour lever l'Etendart contre les droits de la Capitainerie, cela ne peut donc être d'aucune consideration, soit parce que l'on voit dans ces actes les semences de la conspiration qui a éclaté dans la suite, soit parce que de semblables défenses ne peuvent être faites que dans l'étenduë des Capitaineries Royales par les Officiers de Sa Majesté, sans que les Seigneurs particuliers puissent s'attribuer dans leurs Terres de pareils droits, puisque la Déclaration du 10 Octobre 1700. faite pour le Réglement des limites des Capitaineries des Chasses de l'appanage de Monsieur le Duc d'Orleans, ne l'accorde pas même à ses Officiers, comme on peut voir dans l'article 4.

TROISIE'ME REPONSE.

La Dame Guinet ne peut tirer aucun avantage des aveux & dénombremens qu'elle produit; on a déja satisfait à cette Objection en répondant à Monsieur le Duc d'Uzés : le droit de Chasse est un droit ordinaire de la Haute-Justice, mais il n'est pas tellement essentiel aux Seigneurs Hauts-Justiciers, que le Roy ne puisse les en priver; vouloir qu'ils en joüissent dans l'étenduë des Capitaineries Royales, c'est contrevenir ouvertement aux Ordonnances tant anciennes que nouvelles, qui défendent à tous Seigneurs Gentilshommes, Hauts-Justiciers & autres, de chasser dans les plaisirs de Sa Majesté.

Creil est un Domaine du Roy qui n'appartient pas au sieur Gaudet ; il possede à la verité dans cette Paroisse un Fief particulier nommé le Fief de Vaux, distant de Creil d'un demi quart de lieuë, & à un quart de lieuë du Bois de la Pommeraye. Ce Fief est en-deçà de la Riviere d'Oyse au milieu des plaisirs, précisément entre le Château de Creil & celui de Verneüil : sa seule situation suffit donc pour faire voir qu'il ne peut jamais être distrait des limites de la Capitainerie, dans lesquelles il se trouve renfermé. *Le sieur Gaudet. Fief de Vaux.*

Le sieur Marquis d'Orival dit pour affranchir sa Terre de Brasseuse, qu'il est fondé en tout droit de Chasse à toutes sortes de bêtes tant grosses que menuës dans l'étenduë de sa Seigneurie, par des titres d'autant plus incontestables qu'ils engagent Monsieur le Duc lui-même, & qu'ils font du fait des Princes ses prédécesseurs ; que ces titres font quatre aveux rendus à la Seigneurie de Chantilly : qu'au reste le rapport du Garde de la Capitainerie fait sur la dénonciation du Garennier de Brasseuse, décide en faveur de sa Terre ; que ce rapport prouve qu'il y avoit publiquement un Garennier à Brasseuse, c'est-à-dire un homme preposé pour recüeillir les fruits de la Garenne ; que ce droit de Garenne lui appartient en vertu de Sentences & d'Arrêts ; qu'il y a été maintenu par un Jugement du 29 Decembre 1664. donné par le sieur de Barillon, Commissaire député par Sa Majesté pour la réformation generale des Eaux & Forêts en la Generalité de Paris ; qu'enfin la résidence d'un des Gardes de la Capitainerie au lieu de Brasseuse, n'est d'aucune consideration ; *Le sieur Marquis d'Orival, Brasseuse.*

parce que ces fortes de Gardes n'étant pas d'une condition
differente des autres fujets du Roy, ils peuvent fe loger dans
tel lieu qu'il leur plaît, & y établir leur domicile.

PREMIERE REPONSE.

Tous les raifonnemens du fieur Marquis d'Orival fe dif-
fipent à la vûë de la carte & à la feule infpection des lieux,
le Village de Braffeufe n'eft éloigné du corps de la Forêt d'Halatte que d'un bon quart de lieuë. Il eft entre cette Forêt &
la Garenne de Cornon, qui eft un des lieux dénommez dans
la Déclaration du Roy du 23 Mars 1675. & dans les Provifions anciennes & nouvelles : A fuivre donc l'un ou l'autre
des deux fyftêmes que le fieur Marquis d'Orival & les autres
Seigneurs propofent, il demeurera toûjours également fujet
à la Capitainerie, & il ne peut jamais s'en affranchir.

SECONDE REPONSE.

Le raifonnement que le fieur Marquis d'Orival fait fur la
reception des aveux de fa Terre de Braffeufe, lui eft commun avec Monfieur le Duc d'Uzés ; il fuffit donc d'y appliquer la même réponfe, il faut diftinguer dans Meffieurs les
Princes & dans Monfieur le Duc, deux qualitez differentes ;
fçavoir celle de Seigneur Dominant, & celle de Capitaine
des Chaffes dont il ne faut pas confondre les droits. Le fieur
d'Orival a donc tort de vouloir argumenter de l'un à l'autre,
& d'ailleurs de quel fecours lui peuvent être ces dénombremens qui lui donnent le droit de Chaffe à toutes fortes de
bêtes tant groffes que menuës ? peut-il ignorer que c'eft un
droit que nos Rois fe font refervé par les Ordonnances des
Chaffes tant anciennes que nouvelles, fur tout dans l'éten-

duë des Capitaineries Royales ? L'article 20. du titre des Chaſſes de l'Ordonnance de 1669. interdit aux Seigneurs Hauts-
Juſticiers cette faculté , *quoiqu'ils ſoient fondez en titres ou
permiſſions generales ou particulieres , Déclarations , Edits &
Arrêts que Sa Majeſté révoque à cet égard* ; à combien donc
plus forte raiſon de ſimples aveux & dénombremens ne
peuvent-ils être oppoſez contre une Loy ſi generale &
ſi abſoluë ?

TROISIÉME RÉPONSE.

Les Procedures faites en la Capitainerie pour un fait de
Chaſſe arrivé dans la Seigneurie de Braſſeuſe , ſur la dénonciation du Garennier de cette Terre , ne ſont pas d'une auſſi
petite conſideration que le ſieur Marquis d'Orival voudroit
le faire accroire ; ce Garennier étant ſon domeſtique , il
n'auroit eu garde de dénoncer les Chaſſeurs aux Officiers de
la Capitainerie au préjudice des interêts de ſon Maître , s'il
n'eût point été public que la connoiſſance leur en appartenoit ; & c'eſt mal-à-propos que le ſieur Marquis d'Orival
veut tirer avantage du nom de Garennier que l'on donne à
ſon domeſtique dans le rapport , comme ſi cela pouvoit ſervir à lui attribuer un droit de Garenne. On a montré ci-deſſus que les Garennes ſont de deux ſortes , les unes ouvertes,
les autres fermées , & qu'il n'eſt pas permis d'en avoir aucune de ces deux eſpeces dans l'étenduë des Capitaineries
Royales : les Sentences & les Arreſts que le ſieur Marquis
d'Orival rapporte , lui deviennent donc inutiles , ſoit parce
qu'ils ne ſont point intervenus avec Sa Majeſté , ſoit parce
que l'Ordonnance de 1669. donnée depuis , y auroit for-
mellement dérogé ; les aveux du ſieur Marquis d'Orival, les
Sentences & les Arrêts rendus au profit de ſes prédéceſſeurs,

ont empêché fi peu fa Terre de Braffeufe d'être de la Capitainerie Royale d'Halatte, qu'il y a toûjours eu jufqu'en 1705. comme il en convient lui-même, un Garde établi à la réfidence de ce lieu. Il eft vray que les fujets du Roy font libres de demeurer où bon leur femble ; mais les Gardes établis pour la confervation des plaifirs de Sa Majefté, ne réfident jamais hors de l'étenduë de leur département, parce que leur fonction principale eft de veiller à ce qu'il ne foit point fait d'entreprife fur la Chaffe aux environs des lieux qui leur font affignez pour leur réfidence ; s'ils s'établiffoient ailleurs, ils feroient déchûs des droits, des privileges & des avantages qu'ils ont en qualité de domeftiques & Commenfaux de la Maifon du Roy. Il ne tombera donc jamais fous le fens qu'on veüille fixer leur demeure, & les placer hors du Territoire où ils doivent faire leur employ & leur exercice.

Le fieur Lom-
bard.
Ermenonville.

Il y avoit tout fujet de croire que le fieur Lombard obéïroit à l'autorité des trois Arrêts du Confeil d'Etat du Roy, qui ont jugé fucceffivement & en pleine connoiffance de caufe, que la Terre d'Ermenonville fait partie de la Capitainerie d'Halatte ; mais il ne fe croit point encore vaincu, & il revient à la charge avec les mêmes armes qui ont fervy tant de fois à fa défaite ; croit-il donc qu'en fe confondant dans la mêlée avec les autres Seigneurs on ne le reconnoîtra point dans la foulle ?

Le fieur Lombard qui n'ofe combattre ouvertement les trois Arrêts donnez contre lui, fe retranche à foûtenir qu'ils n'ont été rendus que par provifion, dans un temps où les bornes de la Capitainerie d'Halatte n'étoient point déterminées : il ajoûte, que fi Sa Majefté ne trouve pas à propos d'avoir égard ny aux Lettres du Roy Jean, de l'année 1351. qui maintiennent les Seigneurs d'Ermenonville dans

le

le droit de Chasse à toute sorte de bêtes, ny aux anciens aveux & dénombremens, ny à la confirmation qui en a été faite par le Roy Henry IV. il se soûmettra avec respect à la loy qu'il plaira au Roy de lui prescrire.

PREMIERE REPONSE.

Les Lettres du Roy Jean, de l'année 1351. prouvent, comme on l'a déja fait voir, que la Terre d'Ermenonville faisoit partie de ses plaisirs, & que le droit d'y chasser & d'y faire chasser appartenoit à nos Rois, à l'exclusion de toute autre personne. Il est vray que le Roy Jean donne ce droit à Robert de Loris & à ses successeurs; mais outre que le sieur Lombard n'est pas descendu de cette ancienne famille, ce n'étoit qu'une simple permission qui se trouve révoquée par l'Edit du mois Juin 1601. par celui du mois de Juillet 1607. & par l'article 20. du titre des Chasses de l'Ordonnance de 1669. Ces differentes révocations ont donc remis les choses dans leur premier état & telles qu'elles étoient anciennement dans l'ordre des Capitaineries Royales avant les Lettres Patentes du Roy Jean, de l'an 1351. Ce Roy prenoit souvent le divertissement de la Chasse aux environs de Senlis & de Saint Christophe en Halatte, où il y avoit pour lors quatre Maisons Royales existentes, il institua dans la même année 1351. à Saint Christophe en Halatte, l'Ordre des Chevaliers de l'Etoile, comme on l'a remarqué ci-dessus : Les Lettres qu'il accorda dans le même temps à Robert de Loris l'un de ses Secretaires d'Etat, étoient donc une pure grace & une simple permission que les Rois ses successeurs pouvoient retirer quand bon leur sembleroit, comme étant un privilege accordé au préjudice d'un droit Royal, & comme gênant la liberté de leurs

S

Plaifirs qu'ils font maîtres d'exercer dans toute léur étenduë.

SECONDE REPONSE.

La |Seigneurie d'Ermenonville eft un des lieux défi-
gnez fpecifiquement dans les Provifions du fieur Marquis
de Saint Simon, du 20 Septembre 1630. & dans celles deMef-
fieurs les Princes, & elle eft dénommée dans la Declaration du 23 Mars 1675. L'Arrêt du Confeil d'Etat du 14 Fevrier 1707. *fait défenfe au fieur Lombard & à la Dame fon
époufe, de troubler feu Monfieur le Prince dans le droit qui
lui appartient en qualité de Capitaine, fur le fait des Chaffes,
dans la Terre d'Ermenonville & dépendances, comme comprife
dans la Capitainerie Royale d'Halatte ;* le fieur Lombard a
formé oppofition à l'execution de cet Arrêt, il a demandé
le rapport des Lettres de Provifions & de la Declaration
du 23 Mars 1675. il a produit les Lettres du Roy Jean, les
aveux & dénombremens de fa Terre confirmez par Henry
IV. au mois de Février 1603. il a fait valoir tous les moyens
dont les autres Seigneurs & lui fe fervent, & neanmoins
le Roy, par un dernier Arrêt contradictoire donné le 12
Mars 1708. en fon Confeil d'Etat, l'a débouté de fon oppofition, & il a ordonné : *Que les précedens Arrêts du 10 Decembre 1696. & du 14 Février 1707. feroient executez.* De
quel œil peut-on regarder après cela l'entreprife du fieur
Lombard? il veut faire regarder ces trois Arrêts qui font
émanez de la propre perfonne de Sa Majefté, comme de
fimples Arrêts provifoires; mais peut-il avoir oublié que le
fond de la queftion y a été traité & jugé dans toute fon
étenduë? il ne faut pour l'en convaincre que lui remettre
devant les yeux fa Requête inferée dans l'Arrêt contradictoire du 12 Mars 1708. Il n'y a donc rien d'égal, ou à fon aveu-

glement, ou à fon obftination ; croit-il qu'il foit permis de
fe joüer ainfi des Jugemens les plus refpectables & les plus
facrez ? Les trois Arrêts donnez contre lui font également
juftes & irrévocables ; ils font juftes, puifqu'ils font fon-
déz fur les Edits de 1601. & de 1607. & fur l'Ordonnance de 1669. ils font irrévocables non-feulement parce qu'ils
font fcellez du fceau de l'autorité fouveraine ; mais encore
parce qu'étant émanez de la propre perfonne du Roy, ils
ont ce caractere de diftinction & cet avantage, d'avoir été
formez dans le fanctuaire de la fageffe & de la juftice :
Faut-il que le Roy condamne encore tout de nouveau le
fieur Lombard pour l'obliger de fe foûmettre ? Et quelle
idée doit-on avoir de fon refpect, lorfqu'il publie que les
trois Arrêts rendus contre lui font l'ouvrage du credit de
feu Monfieur le Prince, qu'ils ont befoin de confirmation,
& qu'il n'entend point y obéïr à moins, que le Roy ne parle & ne s'explique une derniere fois ? La conduite du fieur
Lombard eft donc le comble de la temerité & de la défo-
béïffance.

Monfieur le Duc croyoit n'avoir à combattre que les
Seigneurs qui fe font déclarez dans le Memoire fignifié le
22 Février 1714. mais ils ont excité un foulevement general, leur exemple a mis les armes à la main à tous les autres,
il n'y en a prefque pas un qui ne foit entré dans la ligue,
& fi cette confpiration réüffiffoit, la Capitainerie Royale
d'Halatte, quoique l'une des plus anciennes du Royaume,
fe trouveroit entierement détruite & anéantie ; il eft donc
abfolument neceffaire de leur répondre chacun en particulier.

Le fieur Comte de la Motte eft un des plus vifs &
des plus empreffez ; cependant on ne conçoit pas fur quoy
cette grande vivacité peut être fondée, puifqu'outre les

Le fieur Comte de la Motte. Houdancourt, Sacy le Petit & Chevrieres en partie.

S ij

moyens communs & generaux on a contre lui des titres invincibles qui lui font propres & particuliers.

Premierement, les Terres qui appartiennent au fieur Comte de la Motte, font la Motte - Houdancourt, Sacy le Petit†, Chevriere & Fayel, la Capitainerie comprend la Motte - Houdancourt & Sacy le Petit, pour le tout, Chevrieres y eft enfermé pour partie, & à l'égard de Fayel, il eft entierement libre & hors des limites, cette difference vient de la differente fituation; la Motte - Houdancourt, Sacy le Petit & Chevrieres en partie, font dans la lieuë de réferve accordée par les Ordonnances, à compter de l'extrêmité du Bois des Ageux & de celui du Poyrier; cela forme donc un titre commun contre le fieur Comte de la Motte auffi-bien que contre les autres Seigneurs qui font dans cette même diftance.

En fecond lieu, le fieur Comte de la Motte a reconnu lui-même que fes Terres étoient fujettes à la Capitainerie, par une Requête fignée de lui qu'il préfenta le 16 Janvier 1683. à feu Monfieur le Prince Loüis. Il s'y plaint : *Que le fieur Corbon & fon valet avoient été trouvez Chaffans dans l'étenduë de fa Seigneurie & qu'ils avoient tué un dogue à lui appartenant, qui fervoit à la garde & à la fûretéde fon Château de la Motte-Houdancourt, parce qu'il leur avoit fait manquer un liévre, &) il demande permiffion d'en faire informer.* Le Lieutenant de la Capitainerie a répondu la Requête, & l'information fut faite en confequence; Monfieur le Duc produira cette plainte, & il y a lieu de croire qu'à la vûë de cette piece le fieur Comte de la Motte fe départira de fon entreprife n'étant pas poffible qu'il veüille aller contre fon propre fait, contre fes reconnoiffances & contre fa fignature.

En troifiéme lieu, Marc-Antoine Corbon, contre qui

le sieur Comte de la Motte avoit donné sa plainte le 16
Janvier 1683. étoit Receveur General des Terres de la
succession du feu sieur de la Motte-Houdancourt, Archevêque d'Auch, & il avoit chassé sur les Terres de Roberval
& de Sacy le Petit qui en sont des dépendances. Les Officiers de la Capitainerie firent informer contre lui, il se pourvût par appel au Parlement de Paris; mais l'affaire ayant
été retenuë au Conseil Privé du Roy, il y intervint le 30
Mars 1686. un Arrêt contradictoire *qui renvoya les Parties
en la Capitainerie d'Halatte pour y proceder en premiere instance sur leurs Procés & differens, suivant les derniers erremens
& par appel au Conseil;* soit donc que l'on considere le Sr
Comte de la Motte comme agissant de son chef, ou comme
heritier du sieur Archevêque d'Auch son oncle, sa prétention paroîtra sans doute également déraisonnable, il est lié
personnellement par ses reconnoissances; mais comme heritier de son oncle, il est jugé par un Arrêt contradictoire,
il est donc impossible qu'il échape de quelque côté qu'il se
tourne.

La Seigneurie de Saint Martin Longaut est voisine des *Le sieur Hersen.*
Terres du sieur Comte de la Motte Houdancourt, le sieur *Saint Martin
Longaut.*
Hersen qui en est Prieur, dit que son Prieuré est situé à
une lieuë de la Ville de Pont-Sainte-Maixence, que les procedures que Monsieur le Duc produit dans son Inventaire
ne sont que des rapports faits & des condamnations d'a-
mende prononcées contre des Paysans, qu'il est vray qu'entre ces pieces il y a des poursuites faites contre un valet
du Prieur, mais qu'il n'y a point eû de jugement diffinitif, & que cela peut avoir été fait en l'absence du maître.

PREMIERE RE'PONSE.

Saint Martin Longaut n'eſt qu'à un quart de lieuë du Bois des Ageux, il eſt préciſement entre ce Bois & entre Sacy le Petit, que l'Arrêt du 30 Mars 1686. a jugé être de la Capitainerie d'Halatte, comme on vient de le faire voir ſur le précedent article, par conſequent Saint Martin Longaut en fait auſſi partie.

SECONDE RE'PONSE.

Les procedures faites en la Capitainerie d'Halatte en 1694. en 1695. & en 1699. pour des faits de Chaſſe arrivez ſur la Terre de Saint Martin Longaut, ſont des preuves invincibles de poſſeſſion ; & ce qui leur donne encore plus de force, c'eſt que les dernieres ont été faites contre le valet du Prieur ; le decret décerné contre ce valet ſuffit pour aſſûrer la Juriſdiction, & s'il n'a point été ſuivy d'un Jugement diffinitif, c'eſt parce qu'il lui a été fait grace à la priere de ſon maître, autrement il auroit été traité comme les autres qui furent condamnez à l'amende & qui l'ont payé.

Le ſieur d'Uſ-faut. Château du Marais, Ladrencourt & Sacy le Grand. Le Château du Marais, la Terre de Ladrencourt & celle de Sacy le Grand qui appartiennent au ſieur d'Uſſaut, ſont dans le même canton, le Château du Marais où le ſieur d'Uſſaut fait ſa demeure quand il eſt à la campagne, & ſa Terre de Ladrencourt ne ſont éloignez du Bois des Ageux que d'un quart de lieuë ; à l'egard de Sacy le grand, le Village & tout ce qui eſt en-deça du côté du Bois des Agéux, ſe trouve compris dans la lieuë de reſerve. Le ſieur d'Uſſaut dans ſon Memoire, ſemble donner les mains pour ſa Terre de Ladrencourt dont il ne fait aucune mention, il parle feulement de Sacy le Grand, & il prétend l'affranchir fous prétexte qu'il eft du Baillage & de la Maîtrife des Eaux & Forêts de Clermont ; mais les limites des Baillages n'ont rien de commun avec l'étenduë des Capitaineries Royales, chaque Jurifdiction a fes bornes qui lui font propres & particulieres, & pour fixer celles de la Capitainerie d'Halatte, il faut fe conformer à l'Edit de 1607. & à l'Ordonnance de 1669. & c'eft auffi dans cette regle que l'on s'eft toûjours renfermé.

Les Religieux de Saint Waft d'Arras Seigneurs d'Angicourt, difent que cette Terre eft de l'ancienne fondation de leur Abbaye faite par le Roy Theodoric I. que Loüis VIII. & Charles le Chauve, ont confirmée : qu'Angicourt eft éloigné de plus de trois lieuës du centre de la Capitainerie, & de plus de deux lieuës des Buiffons qui en dépendent ; ils rapportent des Lettres de Terrier du 27 Septembre 1568. avec un Bail du 10 Decembre 1667. par lequel le Prieur d'Angicourt afferme à Pierre le Noir fa Garenne étant dans fon clos, & le droit de chaffer au gibier permis pendant neuf années.

Saint Waft d'Aras, Angicourt.

PREMIERE REPONSE.

Dès que les Religieux de Saint Waft conviennent qu'ils font de fondation Royale & que leur Terre d'Angicourt en fait partie ; ils fourniffent un nouveau Titre en faveur de la Capitainerie d'Halatte, foit parce que la Chaffe eft interdite aux Moines par les Saints Canons, foit parce que les Terres des Eglifes de fondation Royale font deftinées encore plus particulierement que les autres aux plaifirs de nos Rois, leur qualité de Fondateurs leur donnant un titre fingulier pour avoir deffus tous les droits régaliens.

SECONDE RÉPONSE.

La Terre entiere d'Angicourt est dans la lieuë de reserve, la maison du Prieuré avec son Parc n'est éloignée que de trois quarts de lieuë du corps de la Forêt d'Halatte, comme on peut le voir en jettant les yeux sur la Carte.

TROISIÉME ET DERNIERE RÉPONSE.

Les Lettres de Terrier que les Religieux de Saint Wast d'Arras rapportent, peuvent servir à prouver qu'ils ont droit de Haute-Justice dans l'étenduë de leur Seigneurie d'Angicourt, & c'est ce qu'on ne leur dispute point. Le Bail du 10 Decembre 1667. ne leur est pas moins inutile, il fait mention d'une Garenne étant dans leur Clos, & ce Clos est le Parc qui tient à leur Maison; mais soit qu'ils ayent ou qu'ils n'ayent pas le droit d'y tenir des lapins, suivant l'article 19. de l'Ordonnance de 1669. c'est une question étrangere au different qui se présente, parce qu'il suffit que leur Seigneurie d'Angicourt se trouve enfermée dans la lieuë de distance, à compter des lizieres de la Forêt d'Halatte, pour être de la Capitainerie.

Le sieur Mois-san, Comman-deur, Seigneur de Laigneville. Le Commandeur de Laigneville a mauvaise grace de paroître sur les rangs après toutes les preuves que Monsieur le Duc a rapportées contre lui.

La Seigneurie de Laigneville est dans la lieuë de reserve, à compter du Parc du Château de Creil, & soit que l'on prenne Senlis ou Saint Christophe en Halatte pour centre de la Capitainerie, la Terre de Laigneville est dans les trois lieuës de circonference; elle s'y trouve donc necessairement enclavée, suivant les propres principes que les Seigneurs particuliers établissent dans leurs Memoires.

D'ailleurs

D'ailleurs, la poſſeſſion & l'exercice de la Capitainerie
ſur la Terre de Laigneville eſt juſtifiée par une infinité de
Titres; Monſieur le Duc a produit à cet égard dans ſon
Inventaire juſqu'à dix-ſept cahiers de pieces, qui conſiſtent
en rapports & decrets, & en Sentences des années 1681,
1689, 1690, 1695, 1696, 1697, 1700, 1701, 1704, 1705,
1706, & 1710.

Ces Procedures n'ont pas été ſeulement faites contre
des Particuliers trouvés chaſſans; mais il y en a contre les
Commandeurs même & contre leurs domeſtiques. Les
pourſuites faites en 1690, en 1697, en 1705, & en 1706. ſont de
cette qualité; les Commandeurs de Laigneville ne pouvoient donc jamais mieux reconnoître les droits de la Capitainerie ſur leur Terre, qu'en ſouffrant, comme ils ont
fait ſans ſe plaindre & ſans ſe pourvoir, que l'on informât
contr'eux & contre leurs gens, lorſqu'ils ont entrepris d'y
chaſſer contre la diſpoſition de l'Ordonnance de 1669.

Au reſte, ſi les Commandeurs de Laigneville ne ſe ſont
point pourvûs contre les procedures de la Capitainerie,
c'eſt parce que l'Arrêt du Conſeil du 24 Septembre 1687.
leur avoit impoſé ſilence. Cet Arrêt fit défenſe au Commandeur de Laigneville de proceder ailleurs qu'au Conſeil,
& cependant il renvoya l'inſtruction devant les Officiers
de la Capitainerie d'Halatte; il ne faut donc pas être ſur-
pris ſi les Commandeurs de Laigneville, après ce préjugé,
n'ont plus oſé remuer, & ſi les procedures faites contr'eux
& contre leurs gens en 1690, en 1697, en 1705, & en
1710. n'ont plus reçû de contradiction. Il y a toûjours eû
un Garde de la Capitainerie réſident à Laigneville, les Commandeurs de ce nom ont voulu d'abord ſe ſoulever; mais
l'Arrêt du Conſeil du 24 Septembre 1687. les a tellement
atterez, qu'ils n'ont plus fait la moindre réſiſtance & qu'ils

T

ont reconnu la Jurifdiction de la Capitainerie, tant par rapport à leur Terre que par rapport à leur propre perfonne.

Dès qu'il eft jugé que la Seigneurie de Laigneville eft de la Capitainerie, il s'enfuit que la Terre de Mouchy Saint Eloy en doit être, non feulement parce qu'elle eft dans le voifinage, mais encore parce quelle eft plus proche de la Forêt d'Halatte, auffi les Officiers de la Capitainerie ont-ils exercé leur Jurifdiction fur cette Terre pour fait de Chaffe; les preuves en font rapportées dans l'Inventaire de Monfieur le Duc.

La Paroiffe de Montaterre eft compofée de plufieurs Fiefs qui appartiennent à M. l'Abbé de Lorraine, à Dom Jerôme Defchiens Prieur de Saint Leonard de Montaterre, au Sr Rolland & au Sr de Breda; cette Terre s'étend jufqu'au bord de la Riviere d'Oyfe, le Village eft à un quart de lieuë du Château de l'Averfine & à une diftance à peu près égale de celui de Creil, & tout le Territoire de Montaterre eft compris dans la lieuë de réferve, à compter des lizieres du Bois de la Pommeraye, qui eft un des lieux dénommez dans la Declaration du Roy, du 23 Mars 1675. dans les Provifions du feu fieur Marquis de Saint Simon, & dans celles de Meffieurs les Princes; il y a toûjours eû des Gardes de la Capitainerie réfidens à Montaterre, & on y a fait autant & plus d'Actes de Jurifdiction qu'en aucun autre endroit. Le fieur Charier qui avoit un Fief dans la Paroiffe de Montaterre, y ayant été furpris à la Chaffe, il fut condamné en dix livres d'amende en 1690. & en 1704. le nommé Denis chartier du fieur de Montaterre, fubit une pareille condamnation; ce n'eft donc pas contre dè fimples Payfans que l'on a procedé, les Seigneurs de Fiefs & leurs domeftiques n'ont point été plus épargnez lorfqu'ils ont été pris en contravention; les aveux & dénombremens qu'ils

produifent pour faire voir qu'ils font Seigneurs Hauts-Jufticiers, ne peuvent donc leur être d'aucun avantage dès
que leurs Fiefs fon enclavez dans une Capitainerie Royale,
comme on l'a fait voir.

Le fieur Dufour Prieur de Saint Leu de Serans & les Religieux de ce Prieuré, ont fait un grand Memoire qu'ils
ont affecté de ne point fignifier à Monfieur le Duc, ils y
difent : que leur Seigneurie de Saint Leu de Serans n'eft
point du nombre des lieux défignez dans la Declaration du
Roy, du 23 Mars 1675. & dans les Provifions anciennes &
nouvelles, que les procedures faites en la Capitainerie &
qui font rapportées en dix-neuf cahiers n'établiffent aucune
preuve de poffeffion ; parce que ce font des pourfuites clan-
deftines & qui n'ont point eû de fuite, que leur droit au-
contraire fe trouve fondé fur leur qualité de Seigneurs
Hauts-Jufticiers, fur des Provifions de Garde-Chaffe qu'ils
ont accordées en differens-temps, fur les rapports & les
Sentences qui ont été renduës par les Officiers de leur Juftice.

*Le Prieur &
les Religieux
de Saint Leu
de Serans.*

Mais premierement, la Seigneurie de Saint Leu de Serans s'étend jufqu'à la Riviere d'Oyfe vis-à-vis l'Averfine
qui eft une Maifon Royale, & d'ailleurs tout le territoire
de cette Paroiffe eft compris dans la lieuë de réferve, à
compter des extrêmitez du Bois de la haute Pommeraye.

En fecond lieu, la Declaration du 23 Mars 1675. & les
Provifions des Capitaines ne fe contentent point de dénom-
mer les Forêt d'Halatte, Pontarmé, Pommeraye, les Ageux,
Queuë d'Ory, Ermenonville, Chailly, la Victoire, Garenne de Cornon ; mais elles ajoûtent, *Forêts, Bois, Buiffons,
Plaines & Varennes ;* la dénommination de ces lieux en
particulier n'a donc point été faite pour exclure tous les
autres, mais pour marquer les principales Forêts qui com-

148

pofent le corps de la Capitainerie; cela ne peut donc jamais fervir de prétexte pour lui faire perdre la lieuë de réferve que l'Edit de 1607. & l'Ordonnance de 1669. lui donnent, & c'eft auffi ce que la Declaration du 23 Mars 1675. & les Provifions lui confervent par cette claufe, *de Foréts, Bois, Buiffons, Plaines & Varennes en dépendantes* qui s'y trouve ajoûtée.

En troifiéme lieu, la poffeffion des Officiers de la Capitainerie d'Halatte eft icy conforme à leur droit & elle le foûtient. Il paroît par les dix-neuf cahiers de pieces qui font produits depuis 1679. jufqu'à préfent, qu'ils ont toûjours exercé la Jurifdiction pour fait de Chaffe fur la Seigneurie de St Leu de Serans; l'on ne peut donc foupçonner de clandeftinité des Actes d'un exercice public qui font en fi grand nombre & fi bien fuivis. Il y a parmi ces pieces une plainte préfentée à feu Monfieur le Prince Loüis, le 4 Octobre 1683. par le fieur de Nogent frere du Prieur de Saint Leu, contre le fieur Biet & fon valet, laquelle fut fuivie d'un ajournement perfonnel; on y trouve auffi deux rapports faits contre le chartier des Religieux au mois de Novembre 1696. & au mois d'Avril 1698. avec un Decret de prife de corps décerné contre lui; les Religieux de Saint Leu de Serans qui font naturellement inquiets & remuans n'auroient donc pas laiffé faire tranquillement toutes ces procedures, & ils ne fe feroient pas tenus en repos s'ils euffent eû droit de les empêcher.

En quatriéme lieu, il y a toûjours eu des Gardes de la Capitainerie établis à Saint Leu, & il étoit d'autant plus neceffaire d'y en avoir, que les Religieux de ce Prieuré ont été de tout temps paffionnez pour la Chaffe : Et en effet, la liberté d'en prendre le divertiffement à la campagne leur étant ôtée, ils ont imaginé de faire des trous aux murailles de leur enclos pour y attirer le gibier : cela donna lieu à une Sentence qui fut renduë contr'eux en la Capitainerie, Ils en interjetterent appel & le releverent au Grand Conseil, le Procureur du Roy de la Capitainerie d'Halatte se pourvût de sa part au Conseil de Sa Majesté, & par Arrêt du 24 Decembre 1696. il fut déchargé de l'assignation, & ordonné que les Parties procederoient au Conseil, avec défenses de proceder ailleurs; il est vray que cet Arrêt fut obtenu sur Requête, mais il fut signifié le 12 Janvier 1697. aux Religieux de Saint Leu de Serans, qui n'ont osé s'y opposer & qui n'ont point troublé depuis les Officiers de la Capitainerie dans l'exercice de leur Jurisdiction; cet Arrêt a donc la même force que s'il étoit contradictoire, puisqu'il a passé en force de chose jugée par l'acquiescement des Religieux, & par une execution paisible depuis qu'il a été donné.

En cinquiéme & dernier lieu, quoique le Prieur & les Religieux de Saint Leu de Serans rapportent quelques procedures faites en leur Justice, cela ne peut être d'aucune consideration; car outre que ce sont des pourfuites qui sont demeurées cachées dans leur Greffe & qui n'on jamais vû le jour, quelque vigilance que les Officiers des Capitaineries puissent avoir, ils ne sçauroient jamais être informez de tout ce qui s'y passe, parce que les Seigneurs particuliers & les Paysans sont presque toûjours de concert pour leur en dérober la connoissance ; quoiqu'il en soit, le petit nombre de pieces que les Religieux de Saint Leu rapportent, n'est point comparable au grand nombre d'Actes que Monsieur le Duc a produit, & il en produiroit bien d'avantage si les papiers du Greffe de la Capitainerie d'Halatte n'avoient point été souftraits & divertis après la mort de Raimbaut Greffier. Il est neanmoins important d'obser

T iij

ver en cet endroit, que depuis l'Arrêt du 4 Octobre 1683.
les Religieux de Saint Leu de Serans n'ont presque fait aucun Acte, ils n'ont recommencé leurs entreprises que depuis l'Arrêt du Conseil d'Etat du 16 Novembre 1711. parce
qu'ils ont crû que ce temps leur étoit favorable ; ils se font
persuadez que cet Arrêt ayant ordonné, que tant les Officiers de la Capitainerie des Chasses d'Halatte, que les Seigneurs proprietaires des Terres qui s'en prétendent exempts,
seroient tenus de représenter leurs Titres, ils devoient pro-
fiter de cet intervale pour s'en faire de nouveaux ; c'est ce
qui leur a donné la hardiesse de faire faire un rapport en
leur Justice le 22 Aoust 1712. contre les Officiers & les
Gardes de la Capitainerie d'Halatte, & d'y faire informer
contr'eux ; bien loin donc que cette derniere entreprise soit
capable d'établir un droit en faveur des Religieux de Saint
Leu, c'est au-contraire ce qui met le comble à leur désobéïs-
sance, & rien ne fait mieux connoître leur caractere remuant
qui les a portez à vouloir se souftraire de la Capitainerie,
quoiqu'ils y soient sujets, non seulement par leur qualité
de Moines qui les rend incapables de chasser, mais encore
par la situation de leur Seigneurie qui les met dans la lieuë
de reserve prescrite par l'Edit du mois de Juillet 1607. &
par l'Ordonnance de 1669.

Le sieur Mas-
carany.
Villers sous S.
Leu. La Terre de Villers sous Saint Leu appartient au sieur
Mascarany, il a suivy les traces du Prieur & des Religieux
de Saint Leu de Serans dont il est voisin, il a donné à leur
exemple un Memoire séparé qu'il a rempli des mêmes
moyens dont ils se servent : Il y reconnoît que la Capitainerie d'Halatte doit être composée de tous les lieux qui
sont dénommez dans les Provisions, & qu'elle est encore
bien fondée d'avoir la lieuë de reserve au-delà, suivant la
disposition de l'Ordonnance de 1669. mais il prétend que

la Terre de Villers eſt hors de ces limites , que feu Monſieur le Prince Louis en fut tellement perſuadé , qu'il fit retirer le Garde-Chaſſe qu'il avoit fait établir à Villers ; que Monſieur le Prince Henry-Jules ſon fils fit écrire par le ſieur de Vervillon une Lettre au Seigneur de Villers , & lui envoya le ſieur d'Erval lui faire des excuſes ; qu'ainſi tous les actes de poſſeſſion que l'on rapporte contre lui ne peuvent être regardez que comme des entrepriſes que la conduite de Meſſieurs les Princes a condamnée : qu'enfin ayant acquis nouvellement des Religieux de Saint-Leu de Serans le Bois de Saint-Michel , ſon intereſt l'oblige de ſe joindre avec eux.

PREMIERE RE'PONSE.

Le ſieur Maſcarany ſe juge par ſa propre bouche, &ſa condamnation eſt inévitable à prendre droit par ſes raiſonnemens ; il demeure d'accord que la Capitainerie d'Halatte doit avoir la lieuë de reſerve marquée par l'Ordonnance de 1669. Or ſa Terre de Villers eſt dans la lieuë de diſtance , à la prendre du Parc & Buiſſon de Laverſine ; & en effet, les actes de poſſeſſion qui ſont rapportez en treize Cahiers, & qui prouvent un exercice de Juriſdiction continuelle , ne laiſſent-ils aucun lieu de douter.

SE'CONDE RE'PONSE.

Saint Leu de Serans & Villers ſous Saint Leu ſe joignent ; il n'eſt donc pas beſoin d'avoir un autre Garde pour veiller, que ceux qui réſident à Saint Leu : c'eſt pour cela qu'aprés la mort de Beauvais qui demeuroit à Villers , Monſieur le Prince n'a pas jugé qu'il fut neceſſaire de le remplacer, mais il l'a ſi peu fait ôter en l'année 1692. comme le ſuppo-

ſe le ſieur Maſcarany, que ce même Garde a fait ſur la Terre de Villers differens rapports, non-ſeulement en l'année
1692. mais encore en 1693. & en 1694. c'eſt ce que l'on
peut voir par les Pieces de l'Inventaire de Monſieur le Duc
qui ſont ſous la Cotte 50.

TROISIE'ME REPONSE.

Le ſieur d'Erval étoit Inſpecteur des Chaſſes à Saint-Leu,
il avoit eu quelque mauvais procedé avec le ſieur de Villers, où il l'avoit ſouffert de la part des Gardes qui étoient
ſous lui. Le ſieur de Villers écrivit au ſieur de Vervillon
Ecuyer de feu Monſieur le Prince, pour s'en plaindre ; le
ſieur de Vervillon lui fit réponſe le 12 Octobre 1700. & il
lui manda qu'il avoit rendu compte de ſa Lettre, & que
Monſieur le Prince envoyoit le ſieur d'Erval lui faire des
excuſes : cette politeſſe n'a donc rien de commun avec les
droits de la Capitainerie, Meſſieurs les Princes ont toûjours
eu ſoin d'allier ces deux choſes enſemble, & elles leur ont
été également en recommandation ; en même temps qu'ils
ont conſervé les plaiſirs, ils ont ſçû s'oppoſer aux voyes de
fait, empêcher les inſultes & réprimer les violences ; comme ils n'ont jamais ſouffert qu'on abuſât de leur autorité, ils
ont toûjours été prêts de faire faire aux Seigneurs particuliers les ſatisfactions convenables lorſque leurs plaintes
ſe ſont trouvées juſtes. Le ſieur Maſcarany ne ſçauroit donc
tirer aucun avantage de la Lettre dont il s'agit ; auſſi n'a-t-el-
le point empêché que les droits de la Capitainerie n'ayent
depuis été conſervez dans ſa Terre avec la même attention
& la même vigilance ; Charles Cocatrice trouvé chaſſant ſur
la Terre de Villers proche la Garenne, fut condamné par
Sentence de la Capitainerie donnée en 1705. aprés avoir
ſubi

subi l'Interrogatoire. Ce Jugement eſt poſterieur de cinq années à la Lettre du 12 Octobre 1700. c'eſt donc une preuve
certaine qu'elle avoit un ſens bien contraire à celui que le
ſieur de Maſcarany veut lui donner.

QUATRIE'ME RE'PONSE.

Le ſieur Maſcarany dit dans ſon Memoire, qu'il eſt fils
du ſieur de Paroy : or il fut fait tant contre lui que contre le
nommé Chartier, un rapport en la Capitainerie dans l'année 1689. pour avoir été trouvé chaſſant ſur la Terre de Villers, & ce rapport fut ſuivi d'un decret d'ajournement per-
ſonnel : cette Procedure avoit été précedée d'une Sentence
renduë en la même Capitainerie le 28 Juillet 1689. portant
défenſes de faire aucunes pourſuites en la Juſtice de Villers
contre le nommé de Beauvais, accuſé d'avoir fait du chau-
me avant le temps porté par les Ordonnances, & que le
Procureur Fiſcal de Villers ſeroit aſſigné pour répondre ſur
l'entrepriſe par lui commiſe contre la Juriſdiction de la Capitainerie ; il fut fait encore un autre rapport en 1692. contre le nommé Laſſeré valet du Seigneur de Villers, pour a-
voir chaſſé. Tous ces actes de Juriſdiction qui regardoient
perſonnellement les Seigneurs de Villers, leurs Domeſtiques
& leurs Officiers ne peuvent donc leur avoir été cachez &
inconnus ; & ſi Monſieur le Duc ne rapporte point d'autres
Procedures avant l'année 1689. l'on en a déja rendu la raiſon :
c'eſt le divertiſſement des papiers du Greffe de la Capitainerie arrivé aprés la mort de Raimbaut Greffier, qui en eſt la
cauſe. Quoiqu'il en ſoit, le grand nombre d'actes de Juriſdiction que les Officiers de la Capitainerie d'Halatte ont
exercée paiſiblement ſur la Terre de Villers pendant pluſieurs années depuis 1689. eſt une preuve authentique de

V

leurs droits, & un témoignage irreprochable que les Seigneurs de Villers s'y sont reconnus sujets; les Officiers de la Capitainerie d'Halatte sont dans l'usage de faire afficher des défenses pour la conservation des plaisirs deux fois l'année. Ces Affiches ont toûjours été faites à Villers comme partout ailleurs dans l'étenduë de leur Jurisdiction; tout cela se fait au vû & au sçû du sieur de Mascarany, & la vente que les Religieux de Saint-Leu de Serans lui ont faite du Bois & des Bruyeres de Saint-Michel ne les a point distraits du Territoire; en changeant de Maîtres ils n'ont point perdu pour cela leur ancienne sujettion, & ne se sont pas mis dans l'indépendance : le sieur Mascarany ne peut donc secoüer le joug, ni pour son ancien Domaine, ni pour sa nouvelle acquisition; il a donc bien mauvaise grace de traiter d'entreprise & de nouveauté l'attention que l'on apporte à conserver les droits de la Capitainerie sur sa Terre de Villers.

Le sieur Hotemant. Baron en partie. Le sieur Hotemant ne se travaille pas moins pour tirer sa Terre de Baron dont il est Seigneur en partie hors des limites de la Capitainerie; il dit dans une Requeste qui n'a point été signifiée, que feu Monsieur le Prince en est demeuré lui-même persuadé, que la carte qu'il avoit fait faire, & qui lui fut dédiée, le fait connoître, puisque la Terre de Baron ne s'y trouve pas comprise; que les Provisions du sieur de Mazerat du 13 Decembre 1608. ne parlent que des Forêts d'Halatte & basse Pommeraye, Plaines & Buissons circonvoisins; que la Déclaration du Roy du 23 Mars 1675. ne comprend point Baron, quoique les Officiers de la Capitainerie d'Halatte l'y ayent étenduë le plus qu'ils ont pû; que toutes les fois qu'ils ont voulu faire des Procedures pour fait de Chasse, soit contre lui, soit contre ses Domestiques, soit contre son Garde, on s'est toûjours pourvû par appel au Conseil contre les decrets qu'ils ont decernez , & contre les Sentences qu'ils ont renduës.

PREMIERE RE'PONSE.

La Terre de Baron est toute entiere dans la Capitainerie, soit parce qu'elle est dans la lieuë de reserve à compter des bords des Bois de Chailly qui sont dénommez dans la Déclaration du 23 Mars 1675. dans les Provisions du sieur Marquis de Saint-Simon de l'année 1630. & dans celles de Messieurs les Princes , soit parce qu'il est impossible de tirer la ligne par le chemin le plus court pour aller d'Ermenonville à la Garenne de Cornon , que la Terre de Baron n'y soit comprise & enfermée pour former le cercle. Or Ermenonville & la Garenne de Cornon sont du nombre des lieux donnez par les Provisions & par la Déclaration de 1675. la Terre de Baron s'y trouve donc enveloppée par une suite necessaire sous le nom de Forêts, Bois , Buissons, Plaines & Varennes ; que la Déclaration de 1675. & les Provisions ajoûtent à la dénomination des lieux marquez ; c'est ce qui fait aussi qu'il y a toûjours eu un Garde de la Capitainerie à la résidence de Baron , & que les Officiers y ont exercé leur Jurisdiction toutes les fois que l'occasion s'en est présentée , comme il est justifié par les quatorze Cahiers de Pieces que Monsieur le Duc a rapportées sous la Cotte 40. de son Inventaire. Le sieur Hôtemant n'a donc pas raison d'avancer que feu Monsieur le Prince soit demeuré convaincu que la Terre de Baron n'étoit point dans l'étenduë de la Capitainerie, puisque l'établissement d'un Garde & les actes de possession tant de fois réiterez , prouvent directement le contraire.

SECONDE RE'PONSE.

On a montré ci-deſſus que la carte dont le ſieur Hotmant fait mention, n'eſt point une carte de la Capitainerie : c'eſt un plan particulier de la Forêt d'Halatte, pour marquer les routes que Monſieur le Prince y avoit fait faire par permiſ-ſion de Sa Majeſté : le ſieur Hotman n'en peut donc tirer aucune conſequence, non plus que des Proviſions du ſieur de Mazerat du 15 Decembre 1608. Monſieur le Duc en ré-pondant aux moyens generaux de Monſieur le Duc d'Uzés & des autres Seigneurs, a tiré de puiſſantes inductions de cette Piece, & de la Déclaration du 23 Mars 1675. Il eſt donc en droit de les rétorquer contre le ſieur Hotman qui n'en peut tirer aucun ſecours ; il eſt dans la lieuë de diſtance à compter de l'extremité des Bois de Chailly qui ſont dénom-mez dans la Déclaration du 23 Mars 1675. elle comprend auſſi Ermenonville & la Garenne de Cornon ; & comme on ne peut ſe porter de l'un à l'autre en ligne droite, ſans paſ-ſer ſur la Terre de Baron qui eſt entre deux, & ſans l'enve-lopper pour le tout ; il s'enſuit que le ſieur Hotmant trouve ſa condamnation dans les propres Pieces qu'il cite à ſon avantage.

TROISIE'ME RE'PONSE.

Entre les differentes preuves de poſſeſſion & d'exercice de Juriſdiction que Monſieur le Duc rapporte, il y a une Sentence de l'année 1690. qui porte que les Charges, Rap-ports & Informations, fuſils, armes & engins de Chaſſe qui avoient été portez au Greffe de la Juſtice de Baron, ſeroient rapportez au Greffe de la Capitainerie ; à quoi faire le Greffier ſeroit contraint. Il y a une ſemblable Procedure &

un pareil Jugement en l'année 1696. & en 1698. il fut fait un rapport contre le Valet-de-Chambre de la Dame Hotmant; il en fut fait un autre en 1699. contre le nommé Sinot son Garde-Bois; en l'année 1700. les sieurs Hotmant ses fils ayant été trouvés chassans sur la Terre de Baron, il fut décerné contr'eux un decret d'assigné pour être oüis qui leur fut signifié le 26 Mars 1701. c'est ou par forme de récrimination, ou pour suspendre le cours de ces Procedures faites en la Capitainerie d'Halatte, que les actes rapportez par le sieur Hotmant dans sa Production ont été faits : le rapport de Gepé Garde-Bois de Baron contre Julien dit Champagne, Garde de la Capitainerie, étoit une entreprise visible : aussi n'a-t-il jamais vû le jour, la signification que Jean Leroy Greffier de la Justice de Baron, fit le 15 Septembre 1696. pour obéir à la Sentence renduë la veille en la Capitainerie, est une preuve qu'il en reconnoissoit le pouvoir, la commission obtenuë en la grande Chancellerie par la Dame Hotmant le 30 Decembre 1699. pour être reçüë agpellante de l'ajournement personnel décernée contre Nicolas Sinot son Garde, n'a point eu d'autre objet que de suspendre le cours de cette pourfuite; elle n'eût point d'autre vûë lorsqu'elle appella le 2 Avril 1701. du decret d'assigné, pour être oüy, décerné contre ses enfans; aussi n'a-t elle jamais instruit ni fait juger ses appellations qui n'ont point empêché que les Officiers de la Capitainerie d'Halatte n'ayent continué l'exercice de leur Jurisdiction pour fait de Chasse, comme il paroît par plusieurs Procedures faites en l'année 1703. & dans les années suivantes. Il est vray que la Dame Hotmant eût la témerité d'obtenir à la Table de Marbre le 12 Juin 1700. une commission contre le sieur de la Martiniere Capitaine de l'Equipage de feu Monsieur le Prince, & contre plusieurs Gardes de la Capitainerie, mais c'étoit pour

V iij

ſe vanger de la Procedure extraordinaire qu'on y faiſoit a-
lors contre ſes enfans ; elle n'a jamais fait aucun uſage de
cette commiſſion, & elle n'a point oſé s'en ſervir : bien loin
donc que le ſieur Hotmant puiſſe ſe prévaloir des Pieces
qu'il rapporte, elles ne ſervent qu'à confirmer de plus en
plus le droit & la poſſeſſion des Officiers de la Capitainerie.

Ce ſont des efforts que la Dame ſa mere a voulu faire quand
elle a été attaquée dans la perſonne de ſes Domeſtiques &
de ſes enfans ; mais elle en a ſi bien ſenti l'impuiſſance &
l'irregularité, qu'elle les a laiſſé inutiles & ſans effet, dés que
le premier mouvement de la vengeance eût fait place chez
elle à la raiſon.

Les Dames de Chelles. Baron en partie. L'Abbeſſe & les Religieuſes de Chelles qui ſont Dames en
partie de Baron, ne rapportent aucun acte de poſſeſſion en
leur faveur ; elles employent ſeulement dans leur Requeſte
les Proviſions du ſieur de Mazerat du 20 Decembre 1608.
celles du ſieur Marquis de Saint-Simon du dernier Février
1633. & la Déclaration du Roy du 23 Mars 1675. il ſeroit
donc inutile de leur répondre en particulier, parce qu'on l'a
déja fait ſuffiſamment ; on ſe contentera d'ajoûter que l'Abbaye de Chelles eſt de fondation Royale, elle eſt donc
dans le même cas que l'Abbaye de Chailly, & pluſieurs
autres.

Monſieur le Cardinal de la Tremouille. Ducy. La Seigneurie de Ducy membre de l'Abbaye de Lagny
dont eſt pourvû Monſieur le Cardinal de la Tremoüille, eſt
dans le cercle de la Capitainerie, parce qu'elle eſt au-dedans de la ligne qui va des Bois d'Ermenonville & de Chailly à la Garenne de Cornon, qui ſont du nombre des lieux
dénommez dans les Proviſions & dans la Déclaration du
Roy du 23 Mars 1675. les Officiers de la Capitainerie d'Halatte y ont toûjours exercé leur Juriſdiction, comme il eſt
juſtifié par trois Cahiers de Pieces que Monſieur le Duc a

produits fous la Cotte 41. de fon Inventaire. Monfieur le Cardinal de la Tremoille ne rapporte ni titre ni acte de pof-feffion contraire, tout concoure donc à maintenir la Capitainerie dans les droits qui lui font acquis fur la Terre de Ducy.

Le fieur Titon poffede à prefent la Terre du Pleffys de Raffe, & il lui a donné fon nom ; il eft auffi Seigneur de Chamant en partie, ces deux Villages font précifément aux Reins de la Forêt d'Halatte, & ils y touchent fans aucun milieu. Il y a toûjours eu au Pleffys & à Chamant des Gardes de la Capitainerie ; & à moins que de l'aneantir, il eft impoffible qu'elle fubfifte, fans que ces deux Terres n'y foient comprifes, parce qu'elles font, pour ainfi dire, du corps de la Forêt, comme on peut en juger en jettant les yeux fur la carte.

Le fieur Titon dit dans fon Memoire non-communiqué, qu'anciennement la Juftice & la proprieté de la Forêt d'Halatte appartenoient au Seigneur du Pleffys ; qu'il rapporte pour le prouver un contrat de l'année 1363. par lequel Jeanne de Choifeuil Dame du Pleffys vendit au Roy la Juftice, la Grurie, & les autres droits qu'elle avoit moyennant trois mille Florins d'or ; qu'en faifant cette vente, elle s'étoit réfervée plufieurs beaux droits qui font rapportez dans les Lettres Patentes d'Henri I V. pour la confirmation des ufages du Pleffys ; que ces ufages ont été depuis convertis en deux cens arpens de Bois par d'autres Lettres Patentes de l'année 1615. accordées par le Roy Louis XIII. que l'on n'a jamais contefté le droit de Chaffe dans la Forêt d'Halatte au fieur Marquis de Saint-Simon que le fieur Titon reprefente ; qu'enfin par un Arrêt du Parlement donné le 23 Fevrier 1607. entre l'Evêque de Senlis & le fieur Marquis de Saint-Simon, il leur eft permis refpectivement de chaf-

ſer dans toute l'étenduë de la Terre de Chamant, & que défenſes leur ſont faites; ſçavoir à l'Evêque de Senlis, de chaſſer ſur la Terre du Pleſſys-Choiſeuil, & au ſieur de Saint-
Simon ſur celle de Mont-l'evêque, leurs circonſtances &
dépendances.

PREMIERE REPONSE.

Le ſieur Titon ne rapporte ni le contrat de l'année 1363.
ni les Lettres Patentes du Roy Henry IV. ni celles du Roy
Louis XIII. & quand il les rapporteroit, il n'en pourroit tirer aucun avantage.

SECONDE REPONSE.

Monſieur le Duc a cité ci-deſſus pluſieurs Ordonnances
faites par nos Rois à Saint-Chriſtophe en Halatte en 1329.
en 1341. en 1344. & en 1351. l'Abbé de Chailly, les ſieurs
d'Ermenonville & de Cottentin produiſent des Lettres Patentes de Charles le Bel données à Saint-Chriſtophe en Halatte en 1323. pour raiſon des droits d'uſage que les Habitans de Fleurenne avoient dans cette Forêt; il eſt donc impoſſible que Jeanne de Choiſeuil Dame du Pleſſys, fut Pro-
prietaire de la Forêt d'Halatte en 1363. ſuppoſé donc que
le contrat dont il s'agit ſe trouvât véritable, il ne pourroit
avoir été fait que pour quelque droit d'uſage; & c'eſt ce
que l'on peut encore induire des Lettres Patentes du Roy
Louis XIII. de l'année 1615. qui convertit ces droits d'uſages
en deux cens arpens de Bois, ſi l'on en croit le ſieur Titon
lui-même: il a donc fait prudemment de n'avoir point joint
ces titres à ſa Production, puiſqu'ils ne ſerviroient qu'à confirmer de plus en plus que la Terre du Pleſſys touche à la
Forêt

Forêt d'Halatte, & que ses Bois y sont enclavez.

TROISIE'ME REPONSE.

L'Arrêt du Parlement de Paris du 27 Fevrier 1607. regle le droit de Chasse entre deux Seigneurs Hauts-Justiciers ; mais ce Réglement ne fait point préjudice à la Capitainerie, soit parce que le Roy n'y est point partie, soit parce que la conservation de ses plaisirs est un droit Royal qui dépend de la Souveraineté. Le sieur Marquis de Saint-Simon fut pourvû de la Capitainerie d'Halatte en 1630. personne ne pouvoit donc l'empêcher de chasser ; c'étoit lui au contraire qui avoit droit de le défendre aux autres ; l'Edit du mois de Juillet 1607. est posterieur à l'Arrêt du Parlement du 23 Fevrier de la même année , & l'article 20. du titre des Chasses de l'Ordonnance de 1669. qui révoque toutes sortes de permissions de chasser dans l'étenduë des Capitaineries des Maisons Royales, auroit réduit le Seigneur du Plessys à la condition commune quand il auroit eu quelque privilege particulier, ce qui n'est pas ; les Terres du sieur Titon étant donc enclavées dans la Forêt d'Halatte, il y a lieu d'être surpris qu'il ose vouloir se soustraire à la Capitainerie que le sieur Marquis de Saint-Simon , qui étoit Seigneur avant lui , a toûjours reconnuë & conservée avec grand soin.

Les Religieux de la Victoire ont aussi donné leur Requeste pour demander d'être rétablis dans leurs droits ; mais il suffit d'en prendre lecture pour être persuadé qu'ils demandent une chose qu'ils n'esperent pas d'obtenir ; ils conviennent qu'ils sont de fondation Royale, qu'il leur appartient environ mille arpens de Bois & de Bruyeres, dans lesquels ils ont haute , moyenne & basse Justice ; qu'ils y ont eu un Garde jusqu'aux environs de l'année 1690. mais que

Les Religieux de la Victoire.

X

feu Monſieur le Prince Henry-Jules ayant en ce temps-là
fait défendre à tous les Gardes de la Capitainerie d'Halatte
de porter le fuſil, celui de la Victoire s'eſt trouvé envelop-
pé dans les mêmes défenſes, qu'ils en porterent leurs plaintes à Monſieur le Prince, qui ne leur donna pas d'autre ſa-
tisfaction que de promettre qu'il leur enverroit du gibier
quand ils en auroient beſoin, qu'il l'a fait aſſez long-temps;
mais parce qu'on ne le fait plus, ils ſoûtiennent devoir être
rétablis dans leurs droits.

PREMIERE RE'PONSE.

La Victoire eſt un des lieux dénommez dans la Déclaration du 23 Mars 1675. dans les Proviſions du ſieur Marquis
de Saint-Simon, & dans celles de Meſſieurs les Princes; les
Bois de cette Abbaye ne compoſent qu'un même corps de
Forêt avec ceux de l'Abbaye de Chailly & de la Seigneurie
d'Ermenonville : leur Terre eſt dans la banlieuë de la Ville
de Senlis qui doit être regardée comme le centre de la Capitainerie, & elle ſeroit toûjours dans la lieuë de reſerve,
à la prendre de l'extremité de la Forêt de Pontarmé.

SECONDE RE'PONSE.

Monſieur le Duc a produit ſous la Cotte 57. de ſon Inventaire, un rapport fait en 1701. contre le Garde des Bois
de l'Abbaye de la Victoire qui y avoit été trouvé chaſſant;
& la poſſeſſion des Officiers de la Capitainerie eſt tellement
inconteſtable à cet égard, que les Religieux de la Victoire
ont été forcez de la reconnoître dans leur Requeſte.

TROISIE'ME RE'PONSE.

L'Abbaye de la Victoire eſt une Abbaye Royale, elle fut fondée en action de grace du gain de la bataille de Bouvinne par Louis VIII. pour accomplir le vœu que Philippes Auguſte ſon pere en avoit fait: c'eſt une portion du Dómaine Royal, & elle fut tirée du centre même des plaiſirs de nos Rois, dans un temps où ils faiſoient leur ſéjour le plus ordinaire, ſoit au Château de Senlis, ſoit à celui de Saint-Chriſtophe en Halatte pour y prendre le divertiſſement de la Chaſſe. Il eſt donc impoſſible d'imaginer que leur intention ait été de s'en priver, en aumônant à des Religieux incapables de chaſſer par leur profeſſion une portion du Domaine de la Couronne enclavée de toutes parts dans les plaiſirs.

QUATRIE'ME RE'PONSE.

L'article 4. du titre des Chaſſes de l'Ordonnance de 1669. défend à toutes perſonnes le Port d'armes à feu dans les Forêts, Bois, Buiſſons de Sa Majeſté ; & l'article 6. du même titre, permet ſeulement aux Gardes des Plaines, & aux Sergens ou Gardes des Bois de porter des piſtolets pour la défenſe de leurs perſonnes ; c'eſt donc faute d'avoir ſçû cette Ordonnance, que les Religieux de la Victoire fixent mal-à-propos en l'année 1690. l'Epoque des défenſes qui furent faites aux Gardes de la Capitainerie d'Halatte, de porter le fuſil. Quoiqu'il en ſoit, dés qu'ils avouènt que ces défenſes enveloperent leur propre Garde, ils ſe condamnent eux-mêmes.

Monſieur l'Evêque de Senlis eſt Seigneur des Terres d'Aumont, de Mont-l'Evêque, & de Chamant en partie.

Mais premierement, la Seigneurie d'Aumont est enclavée dans le corps de la Forêt d'Halatte.

En second lieu, on a montré ci-dessus en répondant au sieur Titon, que la Seigneurie de Chamant est comprise dans la Capitainerie.

En troisiéme lieu, la Terre de Mont-l'Evêque joint à la Victoire, elle est dans la Banlieuë de la Ville de Senlis; elle seroit même dans la lieuë de reserve, soit que la reserve se prît à compter de l'extremité de la Forêt d'Halatte, ou des lizieres de celle de Pontarmé, les Bois de Mont-l'Evêque ne composent qu'un même corps de Forêt avec ceux de la Victoire, de Chailly, de Beaurais, & d'Ermenonville. Il y a toûjours eu des Gardes de la Capitainerie établis à Mont-l'Evêque, & les Officiers y ont toûjours exercé leur Jurisdiction, comme il est justifié par les Pieces que Monsieur le Duc a produites sous la Cotte 56.º de son Inventaire. C'est aussi la raison pourquoy feu Monsieur de Chamillart Evêque de Senlis n'a point donné de Memoire particulier, & qu'il s'est contenté de marquer dans une Lettre, qu'il suivroit en tout ce qui seroit reglé par Sa Majesté.

Les Terres de Saint Leonard, de Mont-Lognon, & du Plessys-Cornefroy, appartiennent au Chapitre de l'Eglise Cathedrale de Senlis, qui disent dans leur Memoire, qu'ils sont fondez en droit de Haute-Justice; qu'il est vray que par l'article 20. du titre des Chasses de l'Ordonnance du mois d'Aoust de l'année 1669. le Roy fait par une espece de nouveau Réglement des défenses aux Seigneurs Hauts-Justiciers, de chasser dans l'étenduë de ses Capitaineries Royales, mais que Sa Majesté s'y reserve de renouveller les anciennes permissions, ou d'en accorder de nouvelles; que cela leur donne lieu d'esperer que le Roy aura la bonté de leur faire cette grace; Ils avouënt qu'il leur sera difficile de

tirer leur Terre & Seigneurie de Saint Leonard hors des limites de la Capitainerie ; mais qu'à l'égard de celle de
Montlognon, elle est à quatre lieuës de distance du Village de Fleurenne, où ils prétendent placer le centre ; qu'au
reste il faut que ce soit par méprise que leur Terre Duplessis-
Cornefroy se trouve comprise dans l'assignation qui leur a
été donnée, puisqu'elle est distante de Fleurenne de cinq à
six lieuës ; qu'il y a plusieurs Terres intermediaires telles que
sont Ducy, Fresnoy, le Luat & quelques autres, où les
Officiers de la Capitainerie d'Halatte ne prétendent aucun
droit.

PREMIERE RÉPONSE.

Saint-Leonard est dans une distance à peu prés égale de
Senlis & de la Forêt d'Halatte, & il n'est éloigné que d'une
bonne demie lieuë de l'un ou de l'autre ; il est donc dans la
lieuë de reserve de quelqu'endroit qu'on la prenne : aussi le
Chapitre de Senlis semble-t-il baisser la lance à cet égard.

SECONDE RÉPONSE.

Montlognon n'est éloigné que d'une lieuë & demie de la
Ville de Senlis, & il y a moins de trois lieuës de Montlognon à Saint-Christophe en Halatte ; par consequent en
quelqu'endroit que l'on mette le centre de la Capitainerie,
Montlognon se trouve toûjours dans les trois lieuës de circonference pour former le cercle. Il est d'ailleurs plus au
centre que Chailly & Ermenonville, qui sont du nombre
des lieux dénommez dans la Déclaration du Roy du 23 Mars
1675. & dans les Provisions tant anciennes que nouvelles ;
les Bois de Montlognon font partie de la Forêt de Chailly,
qui ne compose pour la Chasse qu'un même corps avec celle

d'Ememonville. Monfieur le Duc a produit fous la cotte 53. de fon inventaire jufqu'à huit cahiers de pieces qui prouvent que les Officiers de la Capitainerie ont toûjours exercé leur Jurifdiction fur la Seigneurie de Montlognon; & entre ces Actes il y a plufieurs Rapports, Decrets & Sentences renduës contre le Garde de Bois du Chapitre de Senlis : le droit & la poffeffion fe trouvent donc établis fur cette Terre d'une maniere invincible.

TROISIE'ME RE'PONSE.

Le Territoire du Pleffis-Cornefroy touche au Bois de la Garenne de Cornon, & le Village du même nom, n'en eft éloigné que d'une portée de Moufquet : or la Garenne de Cornon eft un des Titres donnez par la Declaration du 23 Mars 1675. & par les Provifions, Ermenonville eft un autre lieu qui s'y trouve pareillement dénommé, il eft donc befoin de tirer une ligne droite pour aller de l'un de ces lieux à l'autre, & en la tirant ainfi, après avoir envelopé la Seigneurie de Baron & celle de Ducy, elle paffe au travers le Frefnoy, & elle coupe enfuite le Village de Cornefroy en deux, pour enfermer les Bois de la Garenne de Cornon, Ermenonville & la Garenne de Cornon étant donc deux points donnez, il faut que tous les lieux qui fe trouvent compris dans la ligne pour fe porter de l'un à l'autre foient de l'étenduë de la Capitainerie, parce que c'eft un corps continu qui ne peut fouffrir aucune diffolution de fes parties integrantes.

DERNIERE RE'PONSE.

L'article 13. du titre des Chaffes de l'Ordonnance de

1669. qui défend à tous Seigneurs, Gentilshommes, Hauts-Justiciers & autres personnes, de chasser dans les Plaisirs de Sa Majesté, n'introduit point un droit nouveau, il ne fait que renouveller l'Ordonnance de François I. de 1515. & les Edits d'Henry IV. du mois de Juin 1601. & du mois de Juillet 1607. il est vray que l'article vingt du même titre des Chasses de l'Ordonnance de 1669. qui révoque toutes permissions generales & particulieres, reserve à Sa Majesté d'en accorder de nouvelles, ou de renouveller les anciennes en faveur de qui bon lui semblera ; mais le Chapitre de Senlis n'est guerre à portée d'esperer cette grace, puisque le Concile d'Agde, les Capitulaires de Charlemagne, l'Ordonnance de 1515. & celle de 1669. défendent la Chasse aux Ecclesiastiques, Moines & Religieux.

Monsieur le Duc a reservé pour les derniers les Religieux de l'Abbaye de Sainte Genevieve de Paris, qui possedent deux Terres dans l'étenduë de la Capitainerie ; sçavoir, la Seigneurie de Beaurest & celle de Ver, & cela dans la vûë de s'épargner la peine de répondre en détail au grand nombre de Memoires qu'ils ont fournis en leur particulier : Ils ont été plus feconds en Incidens & en Ecritures que tous les autres Seigneurs ensemble, quoiqu'ils soient les plus mal fondez de tous ; mais cette fécondité qui leur est ordinaire en fait de Procès, & la passion qu'ils témoignent pour la Chasse, ne les rendront pas plus favorables aux yeux de Sa Majesté, ils ont un Frere de leur Convent qu'ils tiennent continuellement sur les lieux avec une troupe de valets & de chiens, qui font un plus grand dégât de gibier dans la Capitainerie qu'une douzaine de Braconniers n'y pourroient faire ; dès que les Officiers se sont mis en devoir de reprimer ces entreprises, ils ont eû l'adresse de les arrê-ter par des procedures qu'ils ont introduites au Conseil des

L'Abbaye de Sainte Genevieve. Borest & Ver.

Parties ; cette manœuvre a duré jufqu'à l'Arrêt du Confeil d'Etat du 25 Juillet 1712, où *Sa Majefté évoque à foy l'Inftance pendante au Confeil ; Ce faifant, ordonne que les Religieux de Sainte Genevieve feront tenus de remettre inceffamment devant Monfieur Bignon, les Titres & Memoires, fi aucuns ils ont, pour juftifier que leurs Terres de Beaureft & de Ver dépendantes de leur Abbaye , ne font point dans l'étenduë de la Capitainerie d'Halatte.* On avoit fujet de croire que cet Arrêt les contiendroit dans le refpect & les rendroit plus circonfpects & plus refervez ; mais ils s'en font fait un pretexte pour faire chaffer leur Frere & leurs valets avec plus d'excès & plus de hauteur, fans y garder ny regle ny mefure, par infractions aux Ordonnances, au mépris de la Profeffion Religieufe & au fcandale de tout le public ; par confequent fi jamais conduite a merité d'être reprimée, c'eft celle des Religieux de Sainte Genevieve, puifqu'elle a tous les caracteres d'une défobéiffance ouverte.

La Terre de Boreft eft un ancien Domaine de l'Abbaye de Sainte Genevieve, cette Terre eft fituée entre la Forêt d'Halatte & entre celle que les Bois de Chailly & d'Ermenonville compofent : les Religieux de Sainte Genevieve produifent eux mêmes une Declaration qu'ils ont fournie à la Chambre des Comptes le 28 Mars 1674. qui porte précifement, que leur Terre de Boreft eft bornée d'un côté par la Terre de Montlévêque, & de l'autre par la Terre de Chailly ; la même Declaration ajoûte, qu'il y a un foffé & des bornes qui font féparation des Bois de Sainte Genevieve avec ceux de l'Abbaye de Chailly , cela prouve donc deux chofes : La premiere, que la Terre de Boreft eft plus proche du centre de la Capitainerie que ne l'eft la Terre de Chailly, dénommée dans les Provifions & dans la Declaration du 23 Mars 1675. La feconde, que les Bois de

l'Abbaye

l'Abbaye de Sainte Genevieve & ceux de l'Abbaye de Chailly ne forment qu'un seul & même corps de Forêts; par consequent dès que la Terre & les Bois de Chailly font partie de la Capitainerie, il faut que Boreſts en ſoit neceſſairement; auſſi Monſieur le Duc rapporte-t-il ſous la cotte 55. de ſon Inventaire des Titres de poſſeſſion & des Actes de Juriſdiction exercée ſur cette Terre depuis 1676. Il y a toûjours eû des Gardes de la Capitainerie réſidens à Boreſts, & entre les procedures qui ſont produites, il y a pluſieurs rapports que ces Gardes ont faits; c'eſt donc en vain que les Religieux de Sainte Genevieve prétendent effacer un ſi grand concours de preuves par les faux raiſonnemens dont ils ont rempli leurs Memoires.

À l'égard de la Terre de Ver, c'eſt une nouvelle acquiſition que les Religieux de Sainte Genevieve ont faite en 1685. & le plus ancien aveu qu'ils en rapportent n'eſt que du 11 Novembre 1673. Il eſt vray qu'il comprend les droits de Chaſſe à toute ſorte de bêtes, & Garenne défenſable; mais outre qu'il n'en eſt pas fait mention dans le Contrat de vente du 30 Avril 1685. on a déja fait voir que ces ſortes d'expreſſions ne portent pas de conſequence, qu'elles ne ſçauroient donner d'atteinte aux droits des Capitaineries, & qu'elles ſont impuiſſantes & ſans effet, contre les diſpoſitions des Ordonnances anciennes & nouvelles qui ne permettent pas aux Seigneurs Hauts-Juſticiers de chaſſer ny d'avoir des Garennes fermées & défenſables, lorſque leurs Terres ſont dans l'étenduë des Plaiſirs. Il n'y a d'ailleurs ny marque, ny veſtige de Garenne dans toute la Seigneurie de Ver, les Bois qui en dépendent joignent ceux d'Ermenonville, & ne font enſemble qu'un même corps de Forêt : or la Forêt d'Ermenonville eſt un des lieux dénommez dans les Proviſions & dans la Declaration du Roy du

23 Mars 1675. Sa Majesté a jugé encore depuis par trois Arrêts du Conseil d'Etat du 10 Decembre 1696. du 14 Février 1707. & du 12 Mars 1708. que la Terre d'Ermenonville & dépendances est comprise dans la Capitainerie Royale d'Halatte; ces Arrêts influent donc necessairement sur la Seigneurie de Ver, & ils portent coup contr'elle à cause de sa situation, sans qu'il soit même besoin à cet égard de se servir de la lieuë de reserve. Le Village de Ver est aux reins de la Forêt, laquelle se retire, pour ainsi dire, & fait une espece d'enfoncement & de retour sur elle-même pour lui donner place & l'enclaver, c'est ce que l'on peut connoître en jettant les yeux sur la Carte; il est donc impossible qu'Ermenonville demeure dans la Capitainerie, suivant les Arrêts qui l'ont jugé, que Ver n'y soit aussi sujet. Monsieur le Duc a rapporté sous la cotte 38. de son Inventaire six cahiers de procedures faites contre des Particuliers trouvez chassans sur la Terre de Ver, depuis 1687. & il en produiroit un bien plus grand nombre, si les papiers du Greffe de la Capitainerie n'avoient point été volez; mais après tout Sa Majesté a préjugé la question par l'Arrêt du 24 Septembre 1687. intervenu contre les Religieux de Sainte Genevieve; il ordonne qu'ils seront assignez au Conseil, & cependant que l'instruction du Procés seroit faite & continuée par les Officiers de la Capitainerie : Cet Arrêt les a donc maintenus dans leur possession, du moins par provision, & ce Provisoire forme un préjugé d'autant plus considerable, qu'il est conforme à tous les Titres qui viennent d'être expliquez; les Religieux de Sainte Genevieve ne peuvent donc se flatter d'un plus heureux évenement sur le fond, puisque la situation de leur Terre de Ver, la nature de leurs Bois qui se trouvent enclavez avec ceux d'Ermenonville, & les trois Arrêts du Conseil auroient dû leur fer-

mer la bouche & les contenir dans leur devoir, s'ils étoient capables d'entendre raison sur une matiere qu'ils ont prise autant à cœur, & qu'ils ont suivie avec la même vivacité que s'il s'agissoit pour eux de la perte du Domaine entier de leur Abbaye, c'est pour cela qu'ils ont fait Memoire sur Memoire, Ecritures sur Ecritures : mais après avoir détruit leurs moyens particuliers, on croit qu'il suffit de les renvoyer à l'égard des moyens generaux, à la réponse commune qu'on y a faite contre tous les autres Seigneurs, on ajoûtera seulement qu'ils ne devoient pas dissimuler les Provisions accordées au sieur de Mazerat, le 28. Février 1621. & au sieur Marquis de Saint Simon, le 20 Septembre 1630. pour ne parler que de celles qu'il obtint le 28 Février 1633. qui n'ont eû qu'un effet passager & qui sont tombées dans l'oubly, au-lieu que c'est sur les Provisions de 1630. sur celles de Messieurs les Princes, sur l'Edit du mois de Juillet 1607. sur les Declarations des années 1656, 1674, 1676, & 1699. principalement, & sur une infinité d'autres Titres, que les droits & l'étenduë de la Capitainerie d'Halatte se doivent regler.

Tous les Seigneurs finissent leurs Memoires par dire, qu'il doit leur être permis de chasser en personne, accompagnez de trois fusiliers, sur leurs Terres qui se trouveront enclavées dans les bornes de la Capitainerie, avec défenses aux Officiers de leur y donner aucun trouble, que ce droit est fondé sur la Declaration de Sa Majesté du 3 May 1694. où le Roy expliquant ses intentions, permet aux Seigneurs Hauts-Justiciers de chasser en personne dans l'étenduë de leur Haute-Justice, & ne leur défend que d'y envoyer leurs domestiques ou autres ; que c'est sur le fondement de cette Declaration que le sieur Caré de Mongeron Maître des Requêtes, s'étant plaint à Sa Majesté du trouble qui lui avoit été fait par les Officiers de la Capitainerie de Corbeil, dans une occafion où ils l'avoient trouvé chaffant fur fa Terre de Mongeron avec deux de fes amis; Sa Majefté décida au mois de Decembre 1699. que les Seigneurs Hauts-Jufticiers pouroient chaffer fans aucun empêchement, accompagnez de trois fuziliers dans l'étenduë de leurs Hautes-Juftices, que ce n'eft que depuis que Meffieurs les Princes ont été pourvûs de la Capitainerie d'Halatte, que les Seigneurs voifins ont commencé à être inquietez, que c'eft dans cette vûë que l'on a fait gliffer dans les Provifions de la Capitainerie les énonciations qui s'y trouvent, mais que bien loin que ces énonciations puiffent fervir de Titres contre les Seigneurs Hauts-Jufticiers, elles doivent être retranchées & les Provifions rapportées, que la Capitainerie d'Halatte n'étant point Capitainerie de Maifon Royale, elle n'eft pas plus favorable que celle de Laigle qui appartient à Monfieur le Duc d'Orleans & qui a été renfermée dans les bornes de cette Forêt, & qu'enfin Sa Majefté voudra bien mettre en confideration le préjudice infini que fouffrent les Seigneurs affujettis à la Capitainerie d'Halatte, qui diminuë leurs Terres de plus d'un grand tiers de leur jufte prix.

PREMIERE REPONSE.

L'article 13. du titre des Chaffes de l'Ordonnance de 1669. défend à tous Seigneurs, Gentilshommes, Hauts-Jufticiers & autres perfonnes de quelque qualité & condition qu'ils foient, de tirer ou chaffer à bruit dans les Forêts, Buiffons, Garennes & Plaines de Sa Majefté, s'ils n'en ont titre ou permiffion. L'article 20. du même titre renouvelle encore ces défenfes à l'égard des Capitaineries des Maifons Royales : or ces difpofitions de l'Ordonnance

de 1669. ne font que confirmer les Ordonnances anciennes
& n'introduifent point un droit nouveau ; elles ne font que
remettre en vigueur l'Ordonnance de François I. de 1515.
les Edits d'Henry IV. du mois de Juin 1601. & du mois de
Juillet 1607. qui font de pareilles inhibitions fur les mêmes
peines , & même fur de plus grandes.

SECONDE RÉPONSE.

La Déclaration du 3 May 1694. faite pour le Réglement
de l'étenduë & de la Jurifdiction de la Capitainerie des Chaffes de Corbeil ne convient point à la Capitainerie d'Halatte , comme on l'a déja fait voir. Cette Déclaration porte en
termes exprés , *que les Officiers de la Capitainerie de Corbeil
joüiront des privileges , franchifes , gages , droits , fruits , pro-
fits , revenus & émolumens dont joüiffent les Officiers des Chaffes des Maifons non-Royales ;* Elle diftingue de certains cantons , & elle met de la difference entre certains lieux , dont
les uns font plus privilegiez , & les autres moins : Elle permet *à tous Seigneurs Hauts-Jufticiers poffedans Fiefs de Haute-Juftice en l'étenduë de cette Capitainerie , de chaffer en perfonne , fans néanmoins qu'ils puiffent envoyer chaffer , ni leurs
domeftiques , ni d'autres perfonnes de leur part ;* mais en même temps cette Déclaration excepte de la permiffion *la Fo-
rét de Senart & l'étenduë de Pays qui fe trouve comprife depuis
Villeneuve Saint-Georges jufqu'à Charanton.* La Terre de Mongeron n'étant donc point renfermée dans ce canton de referve , il n'eft point extraordinaire que Sa Majefté ait rendu l'Arrêt du mois de Decembre 1697. en faveur du fieur
Carré de Mongeron Maître des Requeftes , puifque la Loy
étoit faite dans la Déclaration du 3 May 1694. & que les
Officiers de la Capitainerie de Corbeil avoient dû s'y con-

former ; cette Déclaration & l'Arrêt donné en confequence n'ont donc rien de commun avec la Capitainerie d'Halatte, à qui la Déclaration du dernier Novembre 1674. conferve le titre, les droits, les privileges & les avantages des
Capitaineries des autres Maifons Royales : quoique la Déclaration du 12 Octobre 1699. comprenne la Capitainerie
d'Halatte & celle de Corbeil au nombre des Capitaineries
refervées ; elle y met neanmoins une grande difference, parce qu'elle les referve *chacune en particulier, conformément aux
Edits, Déclarations, Ordonnances & Réglemens qui les concernent, &) que Sa Majefté confirme, fans prétendre neanmoins
rien innover en leur étenduë, Jurifdiction, pouvoirs & privileges qui leur font attribuez.* La Capitainerie d'Halatte &
celle de Corbeil font donc refervées par-là relativement aux
attributs qu'elles avoient chacune à leur égard, en vertu
des Déclarations précedentes. Or la Déclaration du 3. May
1694. faite pour la Capitainerie de Corbeil, ne lui donne
rang qu'entre les Capitaineries *des Maifons non-Royoles*, au
lieu que la Déclaration du dernier Novembre 1674. faite
pour la Capitainerie d'Halatte, l'a placée entre les Capitaineries *des Maifons Royales*, & lui en conferve tous les droits
& tous les privileges. Il n'y a donc point de comparaifon à
faire de l'une à l'autre, auffi l'état du Roy du dernier Janvier 1700. fait en execution de la Déclaration du 12 Octo-
1699. pour les Officiers des Capitaineries des Maifons Royales, comprend celle d'Halatte, & il ne comprend pas celle
de Corbeil. La même difference fe trouve dans tous les autres états, foit devant & depuis, les Arrefts du Confeil d'E-
tat du 14 Février 1707. & du 12 Mars 1708. ont jugé contre
le fieur Lombard, que fa Terre d'Ermenonville eft comprife
dans *la Capitainerie Royale d'Halatte*, & lui fait défenfes de
troubler les Capitaines dans les droits que leur qualité leur

donne deſſus, & qui leur appartiennent ; ces deux Arrêts
ſont donc bien contraires à celui que le ſieur Carré de Mongeron obtint au mois de Novembre 1697. & cette difference vient de la differente nature des Capitaineries d'Halatte
& de Corbeil. L'Arrêt du mois de Decembre 1697. juge que
la Capitainerie de Corbeil n'eſt point une Capitainerie de
Maiſon Royale , au lieu que les Arrêts de 1707. & de 1708.
décident le contraire en faveur de la Capitainerie d'Halatte.
Il ſuffit donc de pénetrer dans les motifs & dans les diſpoſitions de ces differens Arrêts , pour diſcerner la diverſité
des cauſes & des préjugez qui leur ont ſervi de fondement.

TROISIÉME RÉPONSE.

Le ſieur Lombard avoit demandé par ſa Requeſte inſerée
dans l'Arrêt du Conſeil d'Etat du 12 May 1708. le rapport
des Proviſions du ſieur Marquis de Saint-Simon du 20 Septembre 1630. & de celles de Meſſieurs les Princes pour être
réformées ; il avoit même eu l'imprudence de former oppoſition à la Déclaration du Roy du 23 Mars 1675. qui contient les mêmes énonciations que les Proviſions déſignent ;
mais le ſieur Lombard ayant été debouté de ſon oppoſition,
les autres Seigneurs qu'il appelle à ſon ſecours ne doivent
point eſperer d'être plus heureux que lui dans leur tentati-
ve ; ils ont tort d'attaquer la Capitainerie d'Halatte , comme
étant fondée ſur l'injuſtice & ſur l'uſurpation ; ils ont encore
plus mauvaiſe grace d'en vouloir fixer l'époque au temps où
Meſſieurs les Princes ont commencé d'en devenir Capitaines : la Capitainerie d'Halatte eſt ſi ancienne , qu'il eſt impoſſible de remonter juſqu'à ſa ſource , & d'en découvrir
l'origine dans les hiſtoires les plus reculées ; mais en récom-
penſe , on en trouve des traces , des veſtiges & des monu-

mens dans tous les regnes depuis près de quatre siecles ; elle avoit beaucoup plus d'étenduë du temps du sieur Duclos, qu'elle n'en a presentement ; il est qualifié dans la Declaration du Roy du 27 Juin 1575. Capitaine des Forêts d'Halatte, haute & basse Pommeraye, & de la Carnelle les Beaumont sur Oyse. Les premieres Provisions du sieur de Mazerat de l'année 1608. ayant obmis de marquer la Carnelle, les Beaumont sur Oyse, & les Ageux individuellement, il les fit rectifier par de secondes qu'il obtint le 28 Février 1621. & qui l'établissent Capitaine des Chasses de la Forêt de Carnelle, Plaines, Rivieres & Buissons circonvoisins, & des Bois des Ageux. L'Arrêt du Conseil du 11 Octobre 1626. lui donne le titre de Capitaine des Chasses des Forêts d'Halatte, Carnelle, & autres Bois, Buissons , Plaines & Rivieres des Baillages de Senlis & de Beaumont sur Oyse. Il étoit question dans cet Arrêt d'un Réglement de Juge avec le Lieutenant General de Beauvais pour fait de Chasse , & pour un délit commis dans les Aunois de Conicante proche Mouy en Beauvoisis ; défenses y sont faites au Lieutenant General de Beauvais, & à tous autres Juges de troubler le sieur de Mazerat dans la Jurisdiction, que les Edits , Ordonnances & Arrêts de Réglement lui attribuënt en sa qualité de Capitaine : les Provisions de Messieurs les Princes ont été transcrites fidellement sur celles du sieur Marquis de Saint-Simon du 20 Septembre 1630. qui leur ont servi de regle & de modéle sans y rien ajoûter, & sans y faire la moindre extention : c'est donc manquer également à la verité des faits & au respect des personnes , que d'oser imputer à la memoire de Messieurs les Princes le blâme, soit d'avoir commencé de leur temps des entreprises, soit de les avoir favorisées. Ce reproche injuste & témeraire, hazardé contre l'évidence des preuves , retombe necessairement sur ses Auteurs ; la memoire des Princes

est

est toûjours respectable. Il est vray que le respect qui leur est dû, n'ôte point aux Particuliers le droit d'une juste défense ; mais pour être juste, il faut qu'elle soit vraye : c'est neanmoins cette regle que l'on a particulierement violée dans les Memoires des Seigneurs Hauts-Justiciers, lorsqu'on s'y donne la licence de publier que les entreprises ont commencé contr'eux dans la Capitainerie d'Halatte, depuis que Messieurs les Princes en ont été pourvûs. Monsieur le Duc ne confond point les innocens avec les coupables, il connoît les sentimens de la Noblesse pour la memoire de ses Ayeux, & que la plûpart de ceux du nom de qui l'on se sert, n'ont point d'autre part à l'ouvrage que de s'être reposé de leur défense commune sur des Moines, & sur quelques Particuliers ennemis déclarez de tout temps des Capitaines & de la Capitainerie d'Halatte.

DERNIERE REPONSE.

La conservation des plaisirs étant un droit Royal, Sa Majesté n'a point de dédommagement à faire aux Seigneurs pour leurs Terres qui s'y trouvent enclavées ; les défenses d'y chasser ne sont pas nouvelles ; l'Ordonnance de François I. du mois de Mars 1515. l'Edit d'Henry IV. du mois de Juin 1601. & l'Ordonnance des Eaux & Forêts du mois d'Aoust 1669. en contiennent des dispositions précises, l'Edit du mois de Juillet 1607. qui comprend la Capitainerie de Senlis, de Pontarmé & d'Halatte au nombre des Capitaineries Royales, leur donne la lieuë de reserve ; par consequent les Seigneurs qui y possedent des Terres, n'ont pas droit de se plaindre qu'elles soient par-là diminuées de prix, soit parce que c'est une Charge ancienne & inherente à la chose, soit parce que depuis un siecle les Terres sujettes à la

Z

Capitainerie d'Halatte qui font entre les mains des Seigneurs Laïcs, ont presque toutes changé de maîtres par voye d'acquisition; ils ont donc connu ce qu'ils achettoient, & au lieu d'exciter, comme ils font des murmures auffi ameres qu'injuftes, ils devroient tenir à honneur, & s'empreffer de rendre au Roy ce qui lui appartient pour la confervation de fes Plaifirs. *Signé*, W A U B E R T.

Achevé d'imprimer le 20 Aouft 1715. par JEAN-FRANÇOIS KNAPEN, Imprimeur, rue de la Huchette, à l'Ange.

TABLE
DES MATIERES
QUI SONT DANS CE MEMOIRE.

FIN.